AF476014

NOUVEAU

TARIF GÉNÉRAL

DE TOUTES LES MONNAIES AYANT COURS DANS LE ROYAUME DES PAYS-BAS,

Calculées en conformité des Décrets des 18 Août et 12 Septembre 1810, et de l'Ordonnance Royale du 18 Septembre 1816, rendue exécutoire au 1 Décembre suivant:

En Florins des Pays-Bas, Florins courant de Brabant, Livres de gros de change, et en Francs et centimes.

Par F. J. MAHIEU fils,

Élève de L. J. NICAISE, Arithméticien et Teneur de Livres.

SECONDE ÉDITION REVUE ET AUGMENTÉE.

NIEUWEN

ALGEMEENEN TARIF

VAN ALLE DE GELD-MUNTEN GANG HEBBENDE IN HET KONINGRYK DER NEDERLANDEN,

Berekent ingevolge de Besluiten van 18 Augusti en 12 September 1810, en het Koninglyk Bevel van 18 September 1816, dat uitgevoerd moet worden met den 1 December naervolgende:

In Nederlandsche Guldens, Guldens Brabants courant geld, in Ponden wissel geld, en in Francs en centimen.

Door F. J. MAHIEU zoon,

Discipel van L. J. NICAISE, Rekenaer ende Boekhouder.

TWEEDEN DRUK OVERZIEN EN VERMEERDERT.

A GAND,

Chez *P. F. De Goesin-Verhaeghe*, rue Hautport N° 37.

1818.

DUCATONS,

En Francs, en Florins des Pays-Bas monnoyes réelles et de compte, et en Florins cour. et Livres de change de Brab. monnoyes imaginaires et de compte.

DUCATONS,

In Francs, in Nederlandsche Guldens stand-geld, en in Guldens courant en Ponden wisselgeld Brabants reken-geld.

Pièces.	Francs cent.		Florins des Pays-Bas.			Florins courant de Brabant.				Livres de change.			
Stuks.	*Francs.*		*guldens*	*cents*	*100*	*guld.*	*stuyv.*	*den.*	*100*	*wiss.P.*	*sch.*	*gr.*	*100*
½	3	15	1	48	83	1	14	8	74	0	4	11	53
1	6	30	2	97	67	3	9	5	49	0	9	11	7
2	12	60	5	95	35	6	18	10	98	0	19	10	14
3	18	90	8	93	2	10	8	4	47	1	9	9	21
4	25	20	11	90	70	13	17	9	96	1	19	8	28
5	31	50	14	88	37	17	7	3	45	2	9	7	35
6	37	80	17	86	5	20	16	8	94	2	19	6	42
7	44	10	20	83	72	24	6	2	43	3	9	5	49
8	50	40	23	81	40	27	15	7	92	3	19	4	56
9	56	70	26	79	7	31	5	1	41	4	9	3	63
10	63	0	29	76	75	34	14	6	90	4	19	2	70
11	69	30	32	74	42	38	4	0	39	5	9	1	77
12	75	60	35	72	10	41	13	5	88	5	19	0	84
13	81	90	38	69	77	45	2	11	37	6	8	11	91
14	88	20	41	67	45	48	12	4	86	6	18	10	98
15	94	50	44	65	12	52	1	10	35	7	8	10	5
16	100	80	47	62	80	55	11	3	84	7	18	9	12
17	107	10	50	60	47	59	0	9	33	8	8	8	19
18	113	40	53	58	15	62	10	2	82	8	18	7	26
19	119	70	56	55	82	65	19	8	31	9	8	6	33
20	126	0	59	53	50	69	9	1	80	9	18	5	40
21	132	30	62	51	17	72	18	7	29	10	8	4	47
22	138	60	65	48	85	76	8	0	78	10	18	3	54
23	144	90	68	46	52	79	17	6	27	11	8	2	61
24	151	20	71	44	20	83	6	11	76	11	18	1	68
25	157	50	74	41	87	86	16	5	25	12	8	0	75
26	163	80	77	39	55	90	5	10	74	12	17	11	82
27	170	10	80	37	22	93	15	4	23	13	7	10	89
28	176	40	83	34	90	97	4	9	72	13	17	9	96
29	182	70	86	32	57	100	14	3	21	14	7	9	3
30	189	0	89	30	25	104	3	8	70	14	17	8	10
31	195	30	92	27	92	107	13	2	19	15	7	7	17
32	201	60	95	25	60	111	2	7	68	15	17	6	24
33	207	90	98	23	27	114	12	1	17	16	7	5	31

DUCATONS.

Pièces.	Francs	cent.	Florins des Pays-Bas.			Florins courant de Brabant.				Livres de change.			
Stuks.	*Francs.*		*guldens*	*cents*	*100*	*guld.*	*stuyv.*	*den.*	*100*	*wiss.P.*	*sch.*	*gr.*	*100*
34	214	20	101	20	95	118	1	6	66	16	17	4	38
35	220	50	104	18	62	121	11	0	15	17	7	3	45
36	226	80	107	16	30	125	0	5	64	17	17	2	52
37	233	10	110	13	97	128	9	11	13	18	7	1	59
38	239	40	113	11	65	131	19	4	62	18	17	0	66
39	245	70	116	9	32	135	8	10	11	19	6	11	73
40	252	0	119	7	0	138	18	3	60	19	16	10	80
41	258	30	122	4	67	142	7	9	9	20	6	9	87
42	264	60	125	2	35	145	17	2	58	20	16	8	94
43	270	90	128	0	2	149	6	8	7	21	6	8	1
44	277	20	130	97	70	152	16	1	56	21	16	7	8
45	283	50	133	95	37	156	5	7	5	22	6	6	15
46	289	80	136	93	5	159	15	0	54	22	16	5	22
47	296	10	139	90	72	163	4	6	3	23	6	4	29
48	302	40	142	88	40	166	13	11	52	23	16	3	36
49	308	70	145	86	7	170	3	5	1	24	6	2	43
50	315	0	148	83	75	173	12	10	50	24	16	1	50
51	321	30	151	81	42	177	2	3	99	25	6	0	57
52	327	60	154	79	10	180	11	9	48	25	15	11	64
53	333	90	157	76	77	184	1	2	97	26	5	10	71
54	340	20	160	74	45	187	10	8	46	26	15	9	78
55	346	50	163	72	12	191	0	1	95	27	5	8	85
56	352	80	166	69	80	194	9	7	44	27	15	7	92
57	359	10	169	67	47	197	19	0	93	28	5	6	99
58	365	40	172	65	15	201	8	6	42	28	15	6	6
59	371	70	175	62	82	204	17	11	91	29	5	5	13
60	378	0	178	60	50	208	7	5	40	29	15	4	20
61	384	30	181	58	17	211	16	10	89	30	5	3	27
62	390	60	184	55	85	215	6	4	38	30	15	2	34
63	396	90	187	53	52	218	15	9	87	31	5	1	41
64	403	20	190	51	20	222	5	3	36	31	15	0	48
65	409	50	193	48	87	225	14	8	85	32	4	11	55
66	415	80	196	46	55	229	4	2	34	32	14	10	62
67	422	10	199	44	22	232	13	7	83	33	4	9	69
68	428	40	202	41	90	236	3	1	32	33	14	8	76
69	434	70	205	39	57	239	12	6	81	34	4	7	83
70	441	0	208	37	25	243	2	0	30	34	14	6	90
71	447	30	211	34	92	246	11	5	79	35	4	5	97
72	453	60	214	32	60	250	0	11	28	35	14	5	4
73	459	90	217	30	27	253	10	4	77	36	4	4	11
74	466	20	220	27	95	256	19	10	26	36	14	3	18

Pièces.	Francs	cent.	Florins des Pays-Bas.			Florins courant de Brabant.				Livres de change.			
Stuks.	*Francs.*		*guldens*	*cents*	*100*	*guld.*	*stuyv.*	*den.*	*100*	*wiss.P.*	*sch.*	*gr.*	*100*
75	472	50	223	25	62	260	9	3	75	37	4	2	25
76	478	80	226	23	30	263	18	9	24	37	14	1	32
77	485	10	229	20	97	267	8	2	73	38	4	0	39
78	491	40	232	18	65	270	17	8	22	38	13	11	46
79	497	70	235	16	32	274	7	1	71	39	3	10	53
80	504	0	238	14	0	277	16	7	20	39	13	9	60
81	510	30	241	11	67	281	6	0	69	40	3	8	67
82	516	60	244	9	35	284	15	6	18	40	13	7	74
83	522	90	247	7	2	288	4	11	67	41	3	6	81
84	529	20	250	4	70	291	14	5	16	41	13	5	88
85	535	50	253	2	37	295	3	10	65	42	3	4	95
86	541	80	256	0	5	298	13	4	14	42	13	4	2
87	548	10	258	97	72	302	2	9	63	43	3	3	9
88	554	40	261	95	40	305	12	3	12	43	13	2	16
89	560	70	264	93	7	309	1	8	61	44	3	1	23
90	567	0	267	90	75	312	11	2	10	44	13	0	30
91	573	30	270	88	42	316	0	7	59	45	2	11	37
92	579	60	273	86	10	319	10	1	8	45	12	10	44
93	585	90	276	83	77	322	19	6	57	46	2	9	51
94	592	20	279	81	45	326	9	0	6	46	12	8	58
95	598	50	282	79	12	329	18	5	55	47	2	7	65
96	604	80	285	76	80	333	7	11	4	47	12	6	72
97	611	10	288	74	47	336	17	4	53	48	2	5	79
98	617	40	291	72	15	340	6	10	2	48	12	4	86
99	623	70	294	69	82	343	16	3	51	49	2	3	93
100	630		297	67	50	347	5	9		49	12	3	
200	1260		595	35	0	694	11	6		99	4	6	
300	1890		893	2	50	1041	17	3		148	16	9	
400	2520		1190	70	0	1389	3	0		198	9	0	
500	3150		1488	37	50	1736	8	9		248	1	3	
600	3780		1786	5	0	2083	14	6		297	13	6	
700	4410		2083	72	50	2431	0	3		347	5	9	
800	5040		2381	40	0	2778	6	0		396	18	0	
900	5670		2679	7	50	3125	11	9		446	10	3	
1000	6300		2976	75		3472	17	6		496	2	6	
2000	12600		5953	50		6945	15	0		992	5	0	
3000	18900		8930	25		10418	12	6		1488	7	6	
4000	25200		11907	0		13891	10	0		1984	10	0	
5000	31500		14883	75		17364	7	6		2480	12	6	
6000	37800		17860	50		20837	5	0		2976	15	0	
10000	63000		29767	50		34728	15	0		4961	5	0	

QUARTS DE DUCATONS.

KWAERTEN VAN DUCATONS.

Pièces.	Francs	cent.	Florins des Pays-Bas.			Florins courant de Brabant.				Livres de change.			
Stuks.	*Francs.*		*guldens*	*cents*	*100*	*guld.*	*stuyv.*	*den.*	*100*	*wiss.P.*	*sch.*	*gr.*	*100*
1	1	57	0	74	18	0	17	3	71	0	2	5	67
2	3	14	1	48	36	1	14	7	42	0	4	11	34
3	4	71	2	22	54	2	11	11	13	0	7	5	1
4	6	28	2	96	73	3	9	2	84	0	9	10	69
5	7	85	3	70	91	4	6	6	55	0	12	4	36
6	9	42	4	45	9	5	3	10	26	0	14	10	3
7	10	99	5	19	27	6	1	1	97	0	17	3	71
8	12	56	5	93	46	6	18	5	68	0	19	9	38
9	14	13	6	67	64	7	15	9	39	1	2	3	5
10	15	70	7	41	82	8	13	1	11	1	4	8	73
11	17	27	8	16	0	9	10	4	82	1	7	2	40
12	18	84	8	90	19	10	7	8	53	1	9	8	7
13	20	41	9	64	37	11	5	0	24	1	12	1	74
14	21	98	10	38	55	12	2	3	95	1	14	7	42
15	23	55	11	12	73	12	19	7	66	1	17	1	9
16	25	12	11	86	92	13	16	11	37	1	19	6	76
17	26	69	12	61	10	14	14	3	8	2	2	0	44
18	28	26	13	35	28	15	11	6	79	2	4	6	11
19	29	83	14	9	46	16	8	10	50	2	6	11	78
20	31	40	14	83	65	17	6	2	22	2	9	5	46
21	32	97	15	57	83	18	3	5	93	2	11	11	13
22	34	54	16	32	1	19	0	9	64	2	14	4	80
23	36	11	17	6	19	19	18	1	35	2	16	10	47
24	37	68	17	80	38	20	15	5	6	2	19	4	15
25	39	25	18	54	56	21	12	8	77	3	1	9	82
26	40	82	19	28	74	22	10	0	48	3	4	3	49
27	42	39	20	2	92	23	7	4	19	3	6	9	17
28	43	96	20	77	11	24	4	7	90	3	9	2	84
29	45	53	21	51	29	25	1	11	61	3	11	8	51
30	47	10	22	25	47	25	19	3	33	3	14	2	19
31	48	67	22	99	65	26	16	7	4	3	16	7	86
32	50	24	23	73	84	27	13	10	75	3	19	1	53
33	51	81	24	48	2	28	11	2	46	4	1	7	20
34	53	38	25	22	20	29	8	6	17	4	4	0	88
35	54	95	25	96	38	30	5	9	88	4	6	6	55
36	56	52	26	70	57	31	3	1	59	4	9	0	22
37	58	9	27	44	75	32	0	5	30	4	11	5	90

Pièces.	Francs	cent.	Florins des Pays-Bas.			Florins courant de Brabant.				Livres de change.			
Stuks.	*Francs.*		*guldens*	*cents*	*100*	*guld.*	*stuyv.*	*den.*	*100*	*w.P.*	*sch.*	*gr.*	*100*
38	59	66	28	18	93	32	17	9	1	4	13	11	57
39	61	23	28	93	11	33	15	0	72	4	16	5	24
40	62	80	29	67	30	34	12	4	44	4	18	10	92
41	64	37	30	41	48	35	9	8	15	5	1	4	59
42	65	94	31	15	66	36	6	11	86	5	3	10	26
43	67	51	31	89	84	37	4	3	57	5	6	3	93
44	69	8	32	64	3	38	1	7	28	5	8	9	61
45	70	65	33	38	21	38	18	10	99	5	11	3	28
46	72	22	34	12	39	39	16	2	70	5	13	8	95
47	73	79	34	86	57	40	13	6	41	5	16	2	63
48	75	36	35	60	76	41	10	10	12	5	18	8	30
49	76	93	36	34	94	42	8	1	83	6	1	1	97
50	78	50	37	9	12	43	5	5	55	6	3	7	65
51	80	7	37	83	30	44	2	9	26	6	6	1	32
52	81	64	38	57	49	45	0	0	97	6	8	6	99
53	83	21	39	31	67	45	17	4	68	6	11	0	66
54	84	78	40	5	85	46	14	8	39	6	13	6	34
55	86	35	40	80	3	47	12	0	10	6	16	0	1
56	87	92	41	54	22	48	9	3	81	6	18	5	68
57	89	49	42	28	40	49	6	7	52	7	0	11	36
58	91	6	43	2	58	50	3	11	23	7	3	5	3
59	92	63	43	76	76	51	1	2	94	7	5	10	70
60	94	20	44	50	95	51	18	6	66	7	8	4	38
61	95	77	45	25	13	52	15	10	37	7	10	10	5
62	97	34	45	99	31	53	13	2	8	7	13	3	72
63	98	91	46	73	49	54	10	5	79	7	15	9	39
64	100	48	47	47	68	55	7	9	50	7	18	3	7
65	102	5	48	21	86	56	5	1	21	8	0	8	74
66	103	62	48	96	4	57	2	4	92	8	3	2	41
67	105	19	49	70	22	57	19	8	63	8	5	8	9
68	106	76	50	44	41	58	17	0	34	8	8	1	76
69	108	33	51	18	59	59	14	4	5	8	10	7	43
70	109	90	51	92	77	60	11	7	77	8	13	1	11
71	111	47	52	66	95	61	8	11	48	8	15	6	78
72	113	4	53	41	14	62	6	3	19	8	18	0	45
73	114	61	54	15	32	63	3	6	90	9	0	6	12
74	116	18	54	89	50	64	0	10	61	9	2	11	80
75	117	75	55	63	68	64	18	2	32	9	5	5	47
76	119	32	56	37	87	65	15	6	3	9	7	11	14
77	120	89	57	12	5	66	12	9	74	9	10	4	82
78	122	46	57	86	23	67	10	1	45	9	12	10	49

6) QUARTS DE DUCATONS. — *Kwaerten van Ducatons.*

Pièces.	Francs	cent.	Florins des Pays-Bas.			Florins courant de Brabant.				Livres de change.			
Stuks.	*Francs.*		*guldens*	*cents*	*100*	*guld.*	*stuyv.*	*den.*	*100*	*wiss.P.*	*sch.*	*gr.*	*100*
79	124	3	58	60	41	68	7	5	16	9	15	4	16
80	125	60	59	34	60	69	4	8	88	9	17	9	84
81	127	17	60	8	78	70	2	0	59	10	0	3	51
82	128	74	60	82	96	70	19	4	30	10	2	9	18
83	130	31	61	57	14	71	16	8	1	10	5	2	85
84	131	88	62	31	32	72	13	11	72	10	7	8	53
85	133	45	63	5	51	73	11	3	43	10	10	2	20
86	135	2	63	79	69	74	8	7	14	10	12	7	87
87	136	59	64	53	87	75	5	10	85	10	15	1	55
88	138	15	65	28	6	76	3	2	56	10	17	7	22
89	139	73	66	2	24	77	0	6	27	11	0	0	89
90	141	30	66	76	42	77	17	9	99	11	2	6	57
91	142	87	67	50	60	78	15	1	70	11	5	0	24
92	144	44	68	24	79	79	12	5	41	11	7	5	91
93	146	1	68	98	97	80	9	9	12	11	9	11	58
94	147	58	69	73	15	81	7	0	83	11	12	5	26
95	149	15	70	47	33	82	4	4	54	11	14	10	93
96	150	72	71	21	52	83	1	8	25	11	17	4	60
97	152	29	71	95	70	83	18	11	96	11	19	10	28
98	153	86	72	69	88	84	16	3	67	12	2	3	95
99	155	43	73	44	6	85	13	7	38	12	4	9	62
100	157		74	18	25	86	10	11	10	12	7	3	30
200	314		148	36	50	173	1	10	20	24	14	6	60
300	471		222	54	75	259	12	9	30	37	1	9	90
400	628		296	73	0	346	3	8	40	49	9	1	20
500	785		370	91	25	432	14	7	50	61	16	4	50
600	942		445	9	50	519	5	6	60	74	3	7	80
700	1099		519	27	75	605	16	5	70	86	10	11	10
800	1256		593	46	0	692	7	4	80	98	18	2	40
900	1413		667	64	25	778	18	3	90	111	5	5	70
1000	1570		741	82	50	865	9	3		123	12	9	
2000	3140		1483	65	0	1730	18	6		247	5	6	
3000	4710		2225	47	50	2595	7	9		370	18	3	
4000	6280		2967	30	0	3461	17	0		494	11	0	
5000	7850		3709	12	50	4327	6	3		618	3	9	
6000	9420		4450	95	0	5192	15	6		741	16	6	
7000	10990		5192	77	50	6058	4	9		865	9	3	
8000	12560		5934	60	0	6923	14	0		989	2	0	
9000	14130		6676	42	50	7789	3	3		1112	14	9	
10000	15700		7418	25	0	8654	12	6		1236	7	6	

PIÈCES DE 17 SOLS ET DEMI.

Nota. Deux huitièmes de Ducatons sont égaux à une pièce de 17 sols et demi.

STUKS VAN 17 STUYVERS EN HALF.

Nota. *Twee achtste van Ducatons zyn gelyk in weirde aen een stuk van 17 stuyvers en half.*

Pièces.	Francs	cent.	Florins des Pays-Bas.			Florins courant de Brabant.				Livres de change.			
Stuks.	*Francs.*		*guldens*	*cents*	*100*	*guld.*	*stuyv.*	*den.*	*100*	*w. P.*	*sch.*	*gr.*	*100*
1	1	50	0	70	87	0	16	6	45	0	2	4	35
2	3	0	1	41	75	1	13	0	90	0	4	8	70
3	4	50	2	12	62	2	9	7	35	0	7	1	5
4	6	0	2	83	50	3	6	1	80	0	9	5	40
5	7	50	3	54	37	4	2	8	25	0	11	9	75
6	9	0	4	25	25	4	19	2	70	0	14	2	10
7	10	50	4	96	12	5	15	9	15	0	16	6	45
8	12	0	5	67	0	6	12	3	60	0	18	10	80
9	13	50	6	37	87	7	8	10	5	1	1	3	15
10	15	0	7	8	75	8	5	4	50	1	3	7	50
11	16	50	7	79	62	9	1	10	95	1	5	11	85
12	18	0	8	50	50	9	18	5	40	1	8	4	20
13	19	50	9	21	37	10	14	11	85	1	10	8	55
14	21	0	9	92	25	11	11	6	30	1	13	0	90
15	22	50	10	63	12	12	8	0	75	1	15	5	25
16	24	0	11	34	0	13	4	7	20	1	17	9	60
17	25	50	12	4	87	14	1	1	65	2	0	1	95
18	27	0	12	75	75	14	17	8	10	2	2	6	30
19	28	50	13	46	62	15	14	2	55	2	4	10	65
20	30	0	14	17	50	16	10	9	0	2	7	3	0
21	31	50	14	88	37	17	7	3	45	2	9	7	35
22	33	0	15	59	25	18	3	9	90	2	11	11	70
23	34	50	16	30	12	19	0	4	35	2	14	4	5
24	36	0	17	1	0	19	16	10	80	2	16	8	40
25	37	50	17	71	87	20	13	5	25	2	19	0	75
26	39	0	18	42	75	21	9	11	70	3	1	5	10
27	40	50	19	13	62	22	6	6	15	3	3	9	45
28	42	0	19	84	50	23	3	0	60	3	6	1	80
29	43	50	20	55	37	23	19	7	5	3	8	6	15
30	45	0	21	26	25	24	16	1	50	3	10	10	50
31	46	50	21	97	12	25	12	7	95	3	13	2	85
32	48	0	22	68	0	26	9	2	40	3	15	7	20
33	49	50	23	38	87	27	5	8	85	3	17	11	55
34	51	0	24	9	75	28	2	3	30	4	0	3	90
35	52	50	24	80	62	28	18	9	75	4	2	8	25
36	54	0	25	51	50	29	15	4	20	4	5	0	60

8) PIÈCES DE 17 ½ SOLS. — *Stuks van 17 stuyv. en half.*

Pièces.	Francs	cent	Florins des Pays-Bas.			Florins courant de Brabant.				Livres de change.			
Stuks.	*Francs.*		*guldens*	*cents*	*100*	*guld.*	*stuyv.*	*den.*	*100*	*w. P.*	*sch.*	*gr.*	*100*
37	55	50	26	22	37	30	11	10	65	4	7	4	95
38	57	0	26	93	25	31	8	5	10	4	9	9	30
39	58	50	27	64	12	32	4	11	55	4	12	1	65
40	60	0	28	35	0	33	1	6	0	4	14	6	0
41	61	50	29	5	87	33	18	0	45	4	16	10	35
42	63	0	29	76	75	34	14	6	90	4	19	2	70
43	64	50	30	47	62	35	11	1	35	5	1	7	5
44	66	0	31	18	50	36	7	7	80	5	3	11	40
45	67	50	31	89	37	37	4	2	25	5	6	3	75
46	69	0	32	60	25	38	0	8	70	5	8	8	10
47	70	50	33	31	12	38	17	3	15	5	11	0	45
48	72	0	34	2	0	39	13	9	60	5	13	4	80
49	73	50	34	72	87	40	10	4	5	5	15	9	15
50	75	0	35	43	75	41	6	10	50	5	18	1	50
51	76	50	36	14	62	42	3	4	95	6	0	5	85
52	78	0	36	85	50	42	19	11	40	6	2	10	20
53	79	50	37	56	37	43	16	5	85	6	5	2	55
54	81	0	38	27	25	44	13	0	30	6	7	6	90
55	82	50	38	98	12	45	9	6	75	6	9	11	25
56	84	0	39	69	0	46	6	1	20	6	12	3	60
57	85	50	40	39	87	47	2	7	65	6	14	7	95
58	87	0	41	10	75	47	19	2	10	6	17	0	30
59	88	50	41	81	62	48	15	8	55	6	19	4	65
60	90	0	42	52	50	49	12	3	0	7	1	9	0
61	91	50	43	23	37	50	8	9	45	7	4	1	35
62	93	0	43	94	25	51	5	3	90	7	6	5	70
63	94	50	44	65	12	52	1	10	35	7	8	10	5
64	96	0	45	36	0	52	18	4	80	7	11	2	40
65	97	50	46	6	87	53	14	11	25	7	13	6	75
66	99	0	46	77	75	54	11	5	70	7	15	11	10
67	100	50	47	48	62	55	8	0	15	7	18	3	45
68	102	0	48	19	50	56	4	6	60	8	0	7	80
69	103	50	48	90	37	57	1	1	5	8	3	0	15
70	105	0	49	61	25	57	17	7	50	8	5	4	50
71	106	50	50	32	12	58	14	1	95	8	7	8	85
72	108	0	51	3	0	59	10	8	40	8	10	1	20
73	109	50	51	73	87	60	7	2	85	8	12	5	55
74	111	0	52	44	75	61	3	9	30	8	14	9	90
75	112	50	53	15	62	62	0	3	75	8	17	2	25
76	114	0	53	86	50	62	16	10	20	8	19	6	60
77	115	50	54	57	37	63	13	4	65	9	1	10	95

Pièces.	Francs	cent.	Florins des Pays-Bas.			Florins courant de Brabant.				Livres de change.			
Stuks.	*Francs.*		*guldens*	*cents*	*100*	*guld.*	*stuyv.*	*den.*	*100*	*wiss.P.*	*sch.*	*gr.*	*100*
78	117	0	55	28	25	64	9	11	10	9	4	3	30
79	118	50	55	99	12	65	6	5	55	9	6	7	65
80	120	0	56	70	0	66	3	0	0	9	9	0	0
81	121	50	57	40	87	66	19	6	45	9	11	4	35
82	123	0	58	11	75	67	16	0	90	9	13	8	70
83	124	50	58	82	62	68	12	7	35	9	16	1	5
84	126	0	59	53	50	69	9	1	80	9	18	5	40
85	127	50	60	24	37	70	5	8	25	10	0	9	75
86	129	0	60	95	25	71	2	2	70	10	3	2	10
87	130	50	61	66	12	71	18	9	15	10	5	6	45
88	132	0	62	37	0	72	15	3	60	10	7	10	80
89	133	50	63	7	87	73	11	10	5	10	10	3	15
90	135	0	63	78	75	74	8	4	50	10	12	7	50
91	136	50	64	49	62	75	4	10	95	10	14	11	85
92	138	0	65	20	50	76	1	5	40	10	17	4	20
93	139	50	65	91	37	76	17	51	85	10	19	8	55
94	141	0	66	62	25	77	14	6	30	11	2	0	90
95	142	50	67	33	12	78	11	0	75	11	4	5	25
96	144	0	68	4	0	79	7	7	20	11	6	9	60
97	145	50	68	74	87	80	4	1	65	11	9	1	95
98	147	0	69	45	75	81	0	8	10	11	11	6	30
99	148	50	70	16	62	81	17	2	55	11	13	10	65
100	150		70	87	50	82	13	9		11	16	3	
200	300		141	75	0	165	7	6		23	12	6	
300	450		212	62	50	248	1	3		35	8	9	
400	600		283	50	0	330	15	0		47	5	0	
500	750		354	37	50	413	8	9		59	1	3	
600	900		425	25	0	496	2	6		70	17	6	
700	1050		496	12	50	578	16	3		82	13	9	
800	1200		567	0	0	661	10	0		94	10	0	
900	1350		637	87	50	744	3	9		106	6	3	
1000	1500		708	75	0	826	17	6		118	2	6	
2000	3000		1417	50		1653	15	0		236	5	0	
3000	4500		2126	25		2480	12	6		354	7	6	
4000	6000		2835	0		3307	10	0		472	10	0	
5000	7500		3543	75		4134	7	6		590	12	6	
6000	9000		4252	50		4961	5	0		708	15	0	
7000	10500		4961	25		5788	2	6		826	17	6	
8000	12000		5670	0		6615	0	0		945	0	0	
9000	13500		6378	75		4741	17	6		1063	2	6	
10000	15000		7087	50		8268	5	0		1181	5	0	

COURONNES IMPÉRIALES.

KEYZERLYKE KROONEN.

Pièces.	Francs	cent.	Florins des Pays-Bas.			Florins courant de Brabant.				Livres de change.			
Stuks.	*Francs.*		*guldens*	*cents*	*100*	*guld.*	*stuyv.*	*den.*	*100*	*wiss.P.*	*sch.*	*gr.*	*100*
1	5	56	2	62	71	3	1	3	58	0	8	9	8
2	11	12	5	25	42	6	2	7	17	0	17	6	16
3	16	68	7	88	13	9	3	10	76	1	6	3	25
4	22	24	10	50	84	12	5	2	35	1	15	0	33
5	27	80	13	13	55	15	6	5	94	2	3	9	42
6	33	36	15	76	26	18	7	9	52	2	12	6	50
7	38	92	18	38	97	21	9	1	11	3	1	3	58
8	44	48	21	1	68	24	10	4	70	3	10	0	67
9	50	4	23	64	39	27	11	8	29	3	18	9	75
10	55	60	26	27	10	30	12	11	88	4	7	6	84
11	61	16	28	89	81	33	14	3	46	4	16	3	92
12	66	72	31	52	52	36	15	7	5	5	5	1	0
13	72	28	34	15	23	39	16	10	64	5	13	10	9
14	77	84	36	77	94	42	18	2	23	6	2	7	17
15	83	40	39	40	65	45	19	5	82	6	11	4	26
16	88	96	42	3	36	49	0	9	40	7	0	1	34
17	94	52	44	66	7	52	2	0	99	7	8	10	42
18	100	8	47	28	78	55	3	4	58	7	17	7	51
19	105	64	49	91	49	58	4	8	17	8	6	4	59
20	111	20	52	54	20	61	5	11	76	8	15	1	68
21	116	76	55	16	91	64	7	3	34	9	3	10	76
22	122	32	57	79	62	67	8	6	93	9	12	7	84
23	127	88	60	42	33	70	9	10	52	10	1	4	93
24	133	44	63	5	4	73	11	2	11	10	10	2	1
25	139	0	65	67	75	76	12	5	70	10	18	11	10
26	144	56	68	30	46	79	13	9	28	11	7	8	18
27	150	12	70	93	17	82	15	0	87	11	16	5	26
28	155	68	73	55	88	85	16	4	46	12	5	2	35
29	161	24	76	18	59	88	17	8	5	12	13	11	43
30	166	80	78	81	30	91	18	11	64	13	2	8	52
31	172	36	81	44	1	95	0	3	22	13	11	5	60
32	177	92	84	6	72	98	1	6	81	14	0	2	68
33	183	48	86	69	43	101	2	10	40	14	8	11	77
34	189	4	89	32	14	104	4	1	99	14	17	8	85
35	194	60	91	94	85	107	5	5	58	15	6	5	94
36	200	16	94	57	56	110	6	9	16	15	15	3	2
37	205	72	97	20	27	113	8	0	75	16	4	0	10

Pièces.	Francs	cent.	Florins des Pays-Bas.			Florins courant de Brabant.				Livres de change.			
Stuks.	*Francs.*		*guldens*	*cents*	*100*	*guld.*	*stuyv.*	*den.*	*100*	*wiss.P.*	*sch.*	*gr.*	*100*
38	211	28	99	82	98	116	9	4	34	16	12	9	19
39	216	84	102	45	69	119	10	7	93	17	1	6	27
40	222	40	105	8	40	122	11	11	52	17	10	3	36
41	227	96	107	71	11	125	13	3	10	17	19	0	44
42	233	52	110	33	82	128	14	6	69	18	7	9	52
43	239	8	112	96	53	131	15	10	28	18	16	6	61
44	244	64	115	59	24	134	17	1	87	19	5	3	69
45	250	20	118	21	95	137	18	5	46	19	14	0	78
46	255	76	120	84	66	140	19	9	4	20	2	9	86
47	261	32	123	47	37	144	1	0	63	20	11	6	94
48	266	88	126	10	8	147	2	4	22	21	0	4	3
49	272	44	128	72	79	150	3	7	81	21	9	1	11
50	278	0	131	35	50	153	4	11	40	21	17	10	20
51	283	56	133	98	21	156	6	2	98	22	6	7	28
52	289	12	136	60	92	159	7	6	57	22	15	4	36
53	294	68	139	23	63	162	8	10	16	23	4	1	45
54	300	24	141	86	34	165	10	1	75	23	12	10	53
55	305	80	144	49	5	168	11	5	34	24	1	7	62
56	311	36	147	11	76	171	12	8	92	24	10	4	70
57	316	92	149	74	47	174	14	0	51	24	19	1	78
58	322	48	152	37	18	177	15	4	10	25	7	10	87
59	328	4	154	99	89	180	16	7	69	25	16	7	95
60	333	60	157	62	60	183	17	11	28	26	5	5	4
61	339	16	160	25	31	186	19	2	86	26	14	2	12
62	344	72	162	88	2	190	0	6	45	27	2	11	20
63	350	28	165	50	73	193	1	10	4	27	11	8	29
64	355	84	168	13	44	196	3	1	63	28	0	5	37
65	361	40	170	76	15	199	4	5	22	28	9	2	46
66	366	96	173	38	86	202	5	8	80	28	17	11	54
67	372	52	176	1	57	205	7	0	39	29	6	8	62
68	378	8	178	64	28	208	8	3	98	29	15	5	71
69	383	64	181	26	99	211	9	7	57	30	4	2	79
70	389	20	183	89	70	214	10	11	16	30	12	11	88
71	394	76	186	52	41	217	12	2	74	31	1	8	96
72	400	32	189	15	12	220	13	6	33	31	10	6	4
73	405	88	191	77	83	223	14	9	92	31	19	3	13
74	411	44	194	40	54	226	16	1	51	32	8	0	21
75	417	0	197	3	25	229	17	5	10	32	16	9	30
76	422	56	199	65	96	232	18	8	68	33	5	6	38
77	428	12	202	28	67	236	0	0	27	33	14	3	46
78	433	68	204	91	38	239	1	3	86	34	3	0	55

12) Couronnes impériales. — *Keyzerlyke Kroonen.*

Pièces.	Francs	cent.	Florins des Pays-Bas.			Florins courant de Brabant.				Livres de change.			
Stuks.	*Francs.*		*guldens*	*cents*	*100*	*guld.*	*stuyv.*	*den.*	*100*	*wiss.P.*	*sch.*	*gr.*	*100*
79	439	24	207	54	9	242	2	7	45	34	11	9	63
80	444	80	210	16	80	245	3	11	4	35	0	6	72
81	450	36	212	79	51	248	5	2	62	35	9	3	80
82	455	92	215	42	22	251	6	6	21	35	18	0	88
83	461	48	218	4	93	254	7	9	80	36	6	9	97
84	467	4	220	67	64	257	9	1	39	36	15	7	5
85	472	60	223	30	35	260	10	4	98	37	4	4	14
86	478	16	225	93	6	263	11	8	56	37	13	1	22
87	483	72	228	55	77	266	13	0	15	38	1	10	30
88	489	28	231	18	48	269	14	3	74	38	10	7	39
89	494	84	233	81	19	272	15	7	33	38	19	4	47
90	500	40	236	43	90	275	16	10	92	39	8	1	56
91	505	96	239	6	61	278	18	2	50	39	16	10	64
92	511	52	241	69	32	281	19	6	9	40	5	7	72
93	517	8	244	32	3	285	0	9	68	40	14	4	81
94	522	64	246	94	74	288	2	1	27	41	3	1	89
95	528	20	249	57	45	291	3	4	86	41	11	10	98
96	533	76	252	20	16	294	4	8	44	42	0	8	6
97	539	32	254	82	87	297	6	0	3	42	9	5	14
98	544	88	257	45	58	300	7	3	62	42	18	2	23
99	550	44	260	8	29	303	8	7	21	43	6	11	31
100	556		262	71	0	306	9	10	80	43	15	8	40
200	1112		525	42		612	19	9	60	87	11	4	80
300	1668		788	13		919	9	8	40	131	7	1	20
400	2224		1050	84		1225	19	7	20	175	2	9	60
500	2780		1313	55		1532	9	6	0	218	18	6	
600	3336		1576	26		1838	19	4	80	262	14	2	40
700	3892		1838	97		2145	9	3	60	306	9	10	80
800	4448		2101	68		2451	19	2	40	350	5	7	20
900	5004		2364	39		2758	9	1	20	394	1	3	60
1000	5560		2627	10		3064	19			437	17		
2000	11120		5254	80		6129	18			875	14		
3000	16680		7881	30		9194	17			1313	11		
4000	22240		10508	40		12259	16			1751	8		
5000	27800		13135	50		15324	15			2189	5		
6000	33360		15762	60		18389	14			2627	2		
7000	38920		18389	70		21454	13			3064	19		
8000	44480		21016	80		24519	12			3502	16		
9000	50040		23643	90		27584	11			3940	13		
10000	55600		26271	0		30649	10			4378	10		

HALVE KEYZERLYKE KROONEN.

Pièces.	Francs	cent.	Florins des Pays-Bas.			Florins courant de Brabant.				Livres de change.			
Stuks.	*Francs.*		*guldens*	*cents*	*100*	*guld.*	*stuyv.*	*den.*	*100*	*wiss.P.*	*sch.*	*gr.*	*100*
1	2	77	1	30	88	1	10	6	47	0	4	4	35
2	5	54	2	61	76	3	1	0	94	0	8	8	70
3	8	31	3	92	64	4	11	7	41	0	13	1	6
4	11	8	5	23	53	6	2	1	88	0	17	5	41
5	13	85	6	54	41	7	12	8	35	1	1	9	76
6	16	62	7	85	29	9	3	2	82	1	6	2	11
7	19	39	9	16	17	10	13	9	29	1	10	6	47
8	22	16	10	47	6	12	4	3	76	1	14	10	82
9	24	93	11	77	94	13	14	10	23	1	19	3	17
10	27	70	13	8	82	15	5	4	71	2	3	7	53
11	30	47	14	39	70	16	15	11	18	2	7	11	88
12	33	24	15	70	59	18	6	5	65	2	12	4	23
13	36	1	17	1	47	19	17	0	12	2	16	8	59
14	38	78	18	32	35	21	7	6	59	3	1	0	94
15	41	55	19	63	23	22	18	1	6	3	5	5	29
16	44	32	20	94	12	24	8	7	53	3	9	9	64
17	47	9	22	25	0	25	19	2	0	3	14	2	0
18	49	86	23	55	83	27	9	8	47	3	18	6	35
19	52	63	24	86	76	29	0	2	94	4	2	10	70
20	55	40	26	17	65	30	10	9	42	4	7	3	6
21	58	17	27	48	53	32	1	3	89	4	11	7	41
22	60	94	28	79	41	33	11	10	36	4	15	11	76
23	63	71	30	10	29	35	2	4	83	5	0	4	11
24	66	48	31	41	18	36	12	11	30	5	4	8	47
25	69	25	32	72	6	38	3	5	77	5	9	0	82
26	72	2	34	2	94	39	14	0	24	5	13	5	17
27	74	79	35	33	82	41	4	6	71	5	17	9	53
28	77	56	36	64	71	42	15	1	18	6	2	1	88
29	80	33	37	95	59	44	5	7	65	6	6	6	23
30	83	10	39	26	47	45	16	2	13	6	10	10	59
31	85	87	40	57	35	47	6	8	60	6	15	2	94
32	88	64	41	88	24	48	17	3	7	6	19	7	29
33	91	41	43	19	12	50	7	9	54	7	3	11	64
34	94	18	44	50	0	51	18	4	1	7	8	4	0
35	96	95	45	80	88	53	8	10	48	7	12	8	35
36	99	72	47	11	77	54	19	4	95	7	17	0	70
37	102	49	48	42	65	56	9	11	42	8	1	5	6

14) Demi-Couronnes Imp. — *Halve keyzerl. Kroonen.*

Pièces.	Francs	cent.	Florins des Pays-Bas.			Florins courant de Brabant.				Livres de change.			
Stuks.	*Francs.*		*guldens*	*cents*	*100*	*guld.*	*stuyv.*	*den.*	*100*	*w. P.*	*sch.*	*gr.*	*100*
38	105	26	49	73	53	58	0	5	89	8	5	9	41
39	108	3	51	4	41	59	11	0	36	8	10	1	76
40	110	80	52	35	30	61	1	6	84	8	14	6	12
41	113	57	53	66	18	62	12	1	31	8	18	10	47
42	116	34	54	97	6	64	2	7	78	9	3	2	82
43	119	11	56	27	94	65	13	2	25	9	7	7	17
44	121	88	57	58	83	67	3	8	72	9	11	11	53
45	124	65	58	89	71	68	14	3	19	9	16	3	88
46	127	42	60	20	59	70	4	9	66	10	0	8	23
47	130	19	61	51	47	71	15	4	13	10	5	0	59
48	132	96	62	82	36	73	5	10	60	10	9	4	94
49	135	73	64	13	24	74	16	5	7	10	13	9	29
50	138	50	65	44	12	76	6	11	55	10	18	1	65
51	141	27	66	75	0	77	17	6	2	11	2	6	0
52	144	4	68	5	89	79	8	0	49	11	6	10	35
53	146	81	69	36	77	80	18	6	96	11	11	2	70
54	149	58	70	67	65	82	9	1	43	11	15	7	6
55	152	35	71	98	53	83	19	7	90	11	19	11	41
56	155	12	73	29	42	85	10	2	37	12	4	3	76
57	157	89	74	60	30	87	0	8	84	12	8	8	12
58	160	66	75	91	18	88	11	3	31	12	13	0	47
59	163	43	77	22	4	90	1	9	78	12	17	4	82
60	166	20	78	52	95	91	12	4	26	13	1	9	18
61	168	97	79	83	83	93	2	10	73	13	6	1	53
62	171	74	81	14	71	94	13	5	20	13	10	5	88
63	174	51	82	45	59	96	3	11	67	13	14	10	23
64	177	28	83	76	48	97	14	6	14	13	19	2	59
65	180	5	85	7	36	99	5	0	61	14	3	6	94
66	182	82	86	38	25	100	15	7	8	14	7	11	29
67	185	59	87	69	12	102	6	1	55	14	12	3	65
68	188	36	89	0	1	103	16	8	2	14	16	8	0
69	191	13	90	30	89	105	7	2	49	15	1	0	35
70	193	90	91	61	77	106	17	8	97	15	5	4	71
71	196	67	92	92	65	108	8	3	44	15	9	9	6
72	199	44	94	23	54	109	18	9	91	15	14	1	41
73	202	21	95	54	42	111	9	4	38	15	18	5	76
74	204	98	96	85	30	112	19	10	85	16	2	10	12
75	207	75	98	16	18	114	10	5	32	16	7	2	47
76	210	52	99	47	7	116	0	11	79	16	11	6	82
77	213	29	100	77	95	117	11	6	26	16	15	11	18
78	216	6	102	8	83	119	2	0	73	17	0	3	53

Pièces.	Francs	cent	Florins des Pays-Bas.			Florins courant de Brabant.				Livres de change.			
Stuks.	*Francs.*		*guldens*	*cents*	*100*	*guld.*	*stuyv.*	*den.*	*100*	*w. P.*	*sch.*	*gr.*	*100*
79	218	83	103	39	71	120	12	7	20	17	4	7	88
80	221	60	104	70	60	122	3	1	68	17	9	0	24
81	224	37	106	1	48	123	13	8	15	17	13	4	59
82	227	14	107	32	36	125	4	2	62	17	17	8	94
83	229	91	108	63	24	126	14	9	9	18	2	1	29
84	232	68	109	94	13	128	5	3	56	18	6	5	65
85	235	45	111	25	1	129	15	10	3	18	10	10	0
86	238	22	112	55	89	131	6	4	50	18	15	2	35
87	240	99	113	86	77	132	16	10	97	18	19	6	71
88	243	76	115	17	66	134	7	5	44	19	3	11	6
89	246	53	116	48	54	135	17	11	91	19	8	3	41
90	249	30	117	79	42	137	8	6	39	19	12	7	77
91	252	7	119	10	30	138	19	0	86	19	17	0	12
92	254	84	120	41	19	140	9	7	33	20	1	4	47
93	257	61	121	72	7	142	0	1	80	20	5	8	82
94	260	38	123	2	95	143	10	8	27	20	10	1	18
95	263	15	124	33	83	145	1	2	74	20	14	5	53
96	265	92	125	64	72	146	11	9	21	20	18	9	88
97	268	69	126	95	60	148	2	3	68	21	3	2	24
98	271	46	128	26	48	149	12	10	15	21	7	6	59
99	274	23	129	57	36	151	3	4	62	21	11	10	94
100	277		130	88	25	152	13	11	10	21	16	3	30
200	554		261	76	50	305	7	10	20	43	12	6	60
300	831		392	64	75	458	1	9	30	65	8	9	90
400	1108		523	53	0	610	15	8	40	87	5	1	20
500	1385		654	41	25	763	9	7	50	109	1	4	50
600	1662		785	29	50	916	3	6	60	130	17	7	80
700	1939		916	17	75	1068	17	5	70	152	13	11	10
800	2216		1047	6	0	1221	11	4	80	174	10	2	40
900	2493		1177	94	25	1374	5	3	90	196	6	5	70
1000	2770		1308	82	50	1526	19	3		218	2	9	
2000	5540		2617	65	0	3053	18	6		436	5	6	
3000	8310		3926	47	50	4580	17	9		654	8	3	
4000	11080		5235	30	0	6107	17	0		872	11	0	
5000	13850		6544	12	50	7634	16	3		1090	13	9	
6000	16620		7852	95	0	9161	15	6		1308	16	6	
7000	19390		9161	77	50	10688	14	9		1526	19	3	
8000	22160		10470	60	0	12215	14	0		1745	2	0	
9000	24930		11779	42	50	13742	13	3		1963	4	9	
10000	27700		13088	25	0	15269	12	6		2181	7	6	

KWAERTEN VAN KEYZERL. KROONEN.

Pièces.	Francs	cent.	Florins des Pays-Bas.			Florins courant de Brabant.				Livres de change.			
Stuks.	*Francs.*		*guldens*	*cents*	*100*	*guld.*	*stuyv.*	*den.*	*100*	*w. P.*	*sch.*	*gr.*	*100*
1	1	38	0	65	20	0	15	2	57	0	2	2	8
2	2	76	1	30	41	1	10	5	14	0	4	4	16
3	4	14	1	95	61	2	5	7	72	0	6	6	24
4	5	52	2	60	82	3	0	10	29	0	8	8	32
5	6	90	3	26	2	3	16	0	87	0	10	10	41
6	8	28	3	91	23	4	11	3	44	0	13	0	49
7	9	66	4	56	43	5	6	6	1	0	15	2	57
8	11	4	5	21	64	6	1	8	59	0	17	4	65
9	12	42	5	86	84	6	16	11	16	0	19	6	73
10	13	80	6	52	5	7	12	1	74	1	1	8	82
11	15	18	7	17	25	8	7	4	31	1	3	10	90
12	16	56	7	82	46	9	2	6	88	1	6	0	98
13	17	94	8	47	66	9	17	9	46	1	8	3	6
14	19	32	9	12	87	10	13	0	3	1	10	5	14
15	20	70	9	78	7	11	8	2	61	1	12	7	23
16	22	8	10	43	28	12	3	5	18	1	14	9	31
17	23	46	11	8	48	12	18	7	75	1	16	11	39
18	24	84	11	73	69	13	13	10	33	1	19	1	47
19	26	22	12	38	89	14	9	0	90	2	1	3	55
20	27	60	13	4	10	15	4	3	48	2	3	5	64
21	28	98	13	69	30	15	19	6	5	2	5	7	72
22	30	36	14	34	51	16	14	8	62	2	7	9	80
23	31	74	14	99	71	17	9	11	20	2	9	11	88
24	33	12	15	64	92	18	5	1	77	2	12	1	96
25	34	50	16	30	12	19	0	4	35	2	14	4	5
26	35	88	16	95	33	19	15	6	92	2	16	6	13
27	37	26	17	60	53	20	10	9	49	2	18	8	21
28	38	64	18	25	74	21	6	0	7	3	0	10	29
29	40	2	18	90	94	22	1	2	64	3	3	0	37
30	41	40	19	56	15	22	16	5	22	3	5	2	46
31	42	78	20	21	35	23	11	7	79	3	7	4	54
32	44	16	20	86	56	24	6	10	36	3	9	6	62
33	45	54	21	51	76	25	2	0	94	3	11	8	70
34	46	92	22	16	97	25	17	3	51	3	13	10	78
35	48	30	22	82	17	26	12	6	9	3	16	0	87
36	49	68	23	47	38	27	7	8	66	3	18	2	95
37	51	6	24	12	58	28	2	11	23	4	0	5	3

Pièces.	Francs cent.		Florins des Pays-Bas.			Florins courant, de Brabant.				Livres de change.			
Stuks.	*Francs.*		*guldens*	*cents*	*100*	*guld.*	*stuyv.*	*den.*	*100*	*w. P.*	*sch.*	*gr.*	*100*
38	52	44	24	77	79	28	18	1	81	4	2	7	11
39	53	82	25	42	99	29	13	4	38	4	4	9	19
40	55	20	26	8	20	30	8	6	96	4	6	11	28
41	56	58	26	73	40	31	3	9	53	4	9	1	36
42	57	96	27	38	61	31	19	0	10	4	11	3	44
43	59	34	28	3	81	32	14	2	68	4	13	5	52
44	60	72	28	69	2	33	9	5	25	4	15	7	60
45	62	10	29	34	22	34	4	7	83	4	17	9	69
46	63	48	29	99	43	34	19	10	40	4	19	11	77
47	64	86	30	64	63	35	15	0	97	5	2	1	85
48	66	24	31	29	84	36	10	3	55	5	4	3	93
49	67	62	31	95	4	37	5	6	12	5	6	6	1
50	69	0	32	60	25	38	0	8	70	5	8	8	10
51	70	38	33	25	45	38	15	11	27	5	10	10	18
52	71	76	33	90	66	39	11	1	84	5	13	0	26
53	73	14	34	55	86	40	6	4	42	5	15	2	34
54	74	52	35	21	7	41	1	6	99	5	17	4	42
55	75	90	35	86	27	41	16	9	57	5	19	6	51
56	77	28	36	51	48	42	12	0	14	6	1	8	59
57	78	66	37	16	68	43	7	2	71	6	3	10	67
58	80	4	37	81	89	44	2	5	29	6	6	0	75
59	81	42	38	47	9	44	17	7	86	6	8	2	83
60	82	80	39	12	30	45	12	10	44	6	10	4	92
61	84	18	39	77	50	46	8	1	1	6	12	7	0
62	85	56	40	42	71	47	3	3	58	6	14	9	8
63	86	94	41	7	91	47	18	6	16	6	16	11	16
64	88	32	41	73	12	48	13	8	73	6	19	1	24
65	89	70	42	38	32	49	8	11	31	7	1	3	33
66	91	8	43	3	53	50	4	1	88	7	3	5	41
67	92	46	43	68	73	50	19	4	45	7	5	7	49
68	93	84	44	33	94	51	14	7	3	7	7	9	57
69	95	22	44	99	14	52	9	9	60	7	9	11	65
70	96	60	45	64	35	53	5	0	18	7	12	1	74
71	97	98	46	29	55	54	0	2	75	7	14	3	82
72	99	36	46	94	76	54	15	5	32	7	16	5	90
73	100	74	47	59	96	55	10	7	90	7	18	7	98
74	102	12	48	25	17	56	5	10	47	8	0	10	6
75	103	50	48	90	37	57	1	1	5	8	3	0	15
76	104	88	49	55	58	57	16	3	62	8	5	2	23
77	106	26	50	20	78	58	11	6	19	8	7	4	31
78	107	64	50	85	99	59	6	8	77	8	9	6	39

18) Quarts de Couronn. imp. — *Kwart. keyz. Kroon.*

Pièces.	Francs cent.		Florins des Pays-Bas.			Florins courant de Brabant.				Livres de change.			
Stuks.	*Francs.*		*guldens*	*cents*	*100*	*guld.*	*stuyv.*	*den.*	*100*	*wiss.P.*	*sch.*	*gr.*	*100*
79	109	2	51	51	19	60	1	11	34	8	11	8	47
80	110	40	52	16	40	60	17	1	92	8	13	10	56
81	111	78	52	81	60	61	12	4	49	8	16	0	64
82	113	16	53	46	81	62	7	7	6	8	18	2	72
83	114	54	54	12	1	63	2	9	64	9	0	4	80
84	115	92	54	77	22	63	18	0	21	9	2	6	88
85	117	30	55	42	42	64	13	2	79	9	4	8	97
86	118	68	56	7	63	65	8	5	36	9	6	11	5
87	120	6	56	72	83	66	3	7	93	9	9	1	13
88	121	44	57	38	4	66	18	10	51	9	11	3	21
89	122	82	58	3	24	67	14	1	8	9	13	5	29
90	124	20	58	68	45	68	9	3	66	9	15	7	38
91	125	58	59	33	65	69	4	6	23	9	17	9	46
92	126	96	59	98	86	69	19	8	80	9	19	11	54
93	128	34	60	64	6	70	14	11	38	10	2	1	62
94	129	72	61	29	27	71	10	1	95	10	4	3	70
95	131	10	61	94	47	72	5	4	53	10	6	5	79
96	132	48	62	59	68	73	0	7	10	10	8	7	87
97	133	86	63	24	88	73	15	9	67	10	10	9	95
98	135	24	63	90	9	74	11	0	25	10	13	0	3
99	136	62	64	55	29	75	6	2	82	10	15	2	11
100	138		65	20	50	76	1	5	40	10	17	4	20
200	276		130	41	0	152	2	10	80	21	14	8	40
300	414		195	61	50	228	4	4	20	32	12	0	60
400	552		260	82	0	304	5	9	60	43	9	4	80
500	690		326	2	50	380	7	3	0	54	6	9	
600	828		391	23	0	456	8	8	40	65	4	1	20
700	966		456	43	50	532	10	1	80	76	1	5	40
800	1104		521	64	0	608	11	7	20	86	18	9	60
900	1242		586	84	50	684	13	0	60	97	16	1	80
1000	1380		652	5		760	14	6		108	13	6	
2000	2760		1304	10		1521	9	0		217	7	0	
3000	4140		1956	15		2282	3	6		326	0	6	
4000	5520		2608	20		3042	18	0		434	14	0	
5000	6900		3260	25		3803	12	6		543	7	6	
6000	8280		3912	30		4564	7	0		652	1	0	
7000	9660		4564	35		5325	1	6		760	14	6	
8000	11040		5216	40		6085	16	0		869	8	0	
9000	12420		5868	45		6846	10	6		978	1	6	
10000	13800		6520	50		7607	5	0		1086	15	0	

ESCALINS DE BRABANT.

Le double Escalin de Liège est égal à la valeur de 2 Escalins de Brabant.

BRABANTSCHE SCHELLINGEN.

De dobbele Luyksche Schellingen zyn gelyk in weirde aen 2 Brabantsche Schellingen.

Pièces.	Francs	cent.	Florins des Pays-Bas.			Florins courant de Brabant.				Livres de change.			
Stuks.	*Francs.*		*guldens*	*cents*	*100*	*guld.*	*stuyv.*	*den.*	*100*	*wiss.P.*	*sch.*	*gr.*	*100*
1	0	60	0	28	35	0	6	7	38	0	0	11	34
2	1	20	0	56	70	0	13	2	76	0	1	10	68
3	1	80	0	85	5	0	19	10	14	0	2	10	2
4	2	40	1	13	40	1	6	5	52	0	3	9	36
5	3	0	1	41	75	1	13	0	90	0	4	8	70
6	3	60	1	70	10	1	19	8	28	0	5	8	4
7	4	20	1	98	45	2	6	3	66	0	6	7	38
8	4	80	2	26	80	2	12	11	4	0	7	6	72
9	5	40	2	55	15	2	19	6	42	0	8	6	6
10	6	0	2	83	50	3	6	1	80	0	9	5	40
11	6	60	3	11	85	3	12	9	18	0	10	4	74
12	7	20	3	40	20	3	19	4	56	0	11	4	8
13	7	80	3	68	55	4	5	11	94	0	12	3	42
14	8	40	3	96	90	4	12	7	32	0	13	2	76
15	9	0	4	25	25	4	19	2	70	0	14	2	10
16	9	60	4	53	60	5	5	10	8	0	15	1	44
17	10	20	4	81	95	5	12	5	46	0	16	0	78
18	10	80	5	10	30	5	19	0	84	0	17	0	12
19	11	40	5	38	65	6	5	8	22	0	17	11	46
20	12	0	5	67	0	6	12	3	60	0	18	10	80
21	12	60	5	95	35	6	18	10	98	0	19	10	14
22	13	20	6	23	70	7	5	6	36	1	0	9	48
23	13	80	6	52	5	7	12	1	74	1	1	8	82
24	14	40	6	80	40	7	18	9	12	1	2	8	16
25	15	0	7	8	75	8	5	4	50	1	3	7	50
26	15	60	7	37	10	8	11	11	88	1	4	6	84
27	16	20	7	65	45	8	18	7	26	1	5	6	18
28	16	80	7	93	80	9	5	2	64	1	6	5	52
29	17	40	8	22	15	9	11	10	0	1	7	4	86
30	18	0	8	50	50	9	18	5	40	1	8	4	20
31	18	60	8	78	85	10	5	0	78	1	9	3	54
32	19	20	9	7	20	10	11	8	16	1	10	2	88
33	19	80	9	35	55	10	18	3	54	1	11	2	22
34	20	40	9	63	90	11	4	10	92	1	12	1	56
35	21	0	9	92	25	11	11	6	30	1	13	0	90
36	21	60	10	20	60	11	18	1	68	1	14	0	24
37	22	20	10	48	95	12	4	9	6	1	14	11	58

Pièces.	Francs cent.		Florins des Pays-Bas.			Florins courant de Brabant.				Livres de change.			
Stuks.	*Francs.*		*guldens*	*cents*	*100*	*guld.*	*stuyv.*	*den.*	*100*	*wiss. P.*	*sch.*	*gr.*	*100*
38	22	80	10	77	30	12	11	4	44	1	15	10	92
39	23	40	11	5	65	12	17	11	82	1	16	10	26
40	24	0	11	34	0	13	4	7	20	1	17	9	60
41	24	60	11	62	35	13	11	2	58	1	18	8	94
42	25	20	11	90	70	13	17	9	96	1	19	8	28
43	25	80	12	19	5	14	4	5	34	2	0	7	62
44	26	40	12	47	40	14	11	0	72	2	1	6	96
45	27	0	12	75	75	14	17	8	10	2	2	6	30
46	27	60	13	4	10	15	4	3	48	2	3	5	64
47	28	20	13	32	45	15	10	10	86	2	4	4	98
48	28	80	13	60	80	15	17	6	24	2	5	4	32
49	29	40	13	89	15	16	4	1	62	2	6	3	66
50	30	0	14	17	50	16	10	9	0	2	7	3	0
51	30	60	14	45	85	16	17	4	38	2	8	2	34
52	31	20	14	74	20	17	3	11	76	2	9	1	68
53	31	80	15	2	55	17	10	7	14	2	10	1	2
54	32	40	15	30	90	17	17	2	52	2	11	0	36
55	33	0	15	59	25	18	3	9	90	2	11	11	70
56	33	60	15	87	60	18	10	5	28	2	12	11	4
57	34	20	16	15	95	18	17	0	66	2	13	10	38
58	34	80	16	44	30	19	3	8	4	2	14	9	72
59	35	40	16	72	65	19	10	3	42	2	15	9	6
60	36	0	17	1	0	19	16	0	80	2	16	8	40
61	36	60	17	29	35	20	3	6	18	2	17	7	74
62	37	20	17	57	70	20	10	1	56	2	18	7	8
63	37	80	17	86	5	20	16	8	94	2	19	6	42
64	38	40	18	14	40	21	3	4	32	3	0	5	76
65	39	0	18	42	75	21	9	11	70	3	1	5	10
66	39	60	18	71	10	21	16	7	8	3	2	4	44
67	40	20	18	99	45	22	3	2	46	3	3	3	78
68	40	80	19	27	80	22	9	9	84	3	4	3	12
69	41	40	19	56	15	22	16	5	22	3	5	2	46
70	42	0	19	84	50	23	3	0	60	3	6	1	80
71	42	60	20	12	85	23	9	7	98	3	7	1	14
72	43	20	20	41	20	23	16	3	36	3	8	0	48
73	43	80	20	69	55	24	2	10	74	3	8	11	82
74	44	40	20	97	90	24	9	6	12	3	9	11	16
75	45	0	21	26	25	24	16	1	50	3	10	10	50
76	45	60	21	54	60	25	2	8	88	3	11	9	84
77	46	20	21	82	95	25	9	4	26	3	12	9	18
78	46	80	22	11	30	25	15	11	64	3	13	8	52

Pièces.	Francs	cent.	Florins des Pays-Bas.			Florins courant de Brabant.				Livres de change.			
Stuks.	*Francs.*		*guldens*	*cents*	*100*	*guld.*	*stuyv.*	*den.*	*100*	*wiss. P.*	*sch.*	*gr.*	*100*
79	47	40	22	39	65	26	2	7	2	3	14	7	86
80	48	0	22	68	0	26	9	2	40	3	15	7	20
81	48	60	22	96	35	26	15	9	78	3	16	6	54
82	49	20	23	24	70	27	2	5	16	3	17	5	88
83	49	80	23	53	5	27	9	0	54	3	18	5	22
84	50	40	23	81	40	27	15	7	92	3	19	4	56
85	51	0	24	9	75	28	2	3	30	4	0	3	90
86	51	60	24	38	10	28	8	10	68	4	1	3	24
87	52	20	24	66	45	28	15	6	6	4	2	2	58
88	52	80	24	94	80	29	2	1	44	4	3	1	92
89	53	40	25	23	15	29	8	8	82	4	4	1	26
90	54	0	25	51	50	29	15	4	20	4	5	0	60
91	54	60	25	79	85	30	1	11	58	4	5	11	94
92	55	20	26	8	20	30	8	6	96	4	6	11	28
93	55	80	26	36	55	30	15	2	34	4	7	10	62
94	56	40	26	64	90	31	1	9	72	4	8	9	96
95	57	0	26	93	25	31	8	5	10	4	9	9	30
96	57	60	27	21	60	31	15	0	48	4	10	8	64
97	58	20	27	49	95	32	1	7	86	4	11	7	98
98	58	80	27	78	30	32	8	3	24	4	12	7	32
99	59	40	28	6	65	32	14	10	62	4	13	6	66
100	60		28	35		33	1	6		4	14	6	
200	120		56	70		66	3	0		9	9	0	
300	180		85	5		99	4	6		14	3	6	
400	240		113	40		132	6	0		18	18	0	
500	300		141	75		165	7	6		23	12	6	
600	360		170	10		198	9	0		28	7	0	
700	420		198	45		231	10	6		33	1	6	
800	480		226	80		264	12	0		37	16	0	
900	540		255	15		297	13	6		42	10	6	
1000	600		283	50		330	15			47	5	0	
2000	1200		567	0		661	10			94	10		
3000	1800		850	50		992	5			141	15		
4000	2400		1134	0		1323	0			189	0		
5000	3000		1417	50		1653	15			236	5		
6000	3600		1701	0		1984	10			283	10		
7000	4200		1984	50		2315	5			330	15		
8000	4800		2268	0		2646	0			378	0		
9000	5400		2551	50		2976	15			425	5		
10000	6000		2835	0		3307	10			472	10		

LUYKSCHE SCHELLINGEN.

Pièces.	Francs cent.		Florins des Pays-Bas.			Florins courant de Brabant.				Livres de change.			
Stuks.	*Francs.*		*guldens*	*cents*	*100*	*guld.*	*stuyv.*	*den.*	*100*	*w. P.*	*sch.*	*gr.*	*100*
½	0	28	0	13	23	0	3	1	4	0	0	5	29
1	0	56	0	26	46	0	6	2	8	0	0	10	58
2	1	12	0	52	92	0	12	4	17	0	1	9	16
3	1	68	0	79	38	0	18	6	26	0	2	7	75
4	2	24	1	5	84	1	4	8	35	0	3	6	33
5	2	80	1	32	30	1	10	10	44	0	4	4	92
6	3	36	1	58	76	1	17	0	52	0	5	3	50
7	3	92	1	85	22	2	3	2	61	0	6	2	8
8	4	48	2	11	68	2	9	4	70	0	7	0	67
9	5	4	2	38	14	2	15	6	79	0	7	11	25
10	5	60	2	64	60	3	1	8	88	0	8	9	84
11	6	16	2	91	6	3	7	10	96	0	9	8	42
12	6	72	3	17	52	3	14	1	5	0	10	7	0
13	7	28	3	43	98	4	0	3	14	0	11	5	59
14	7	84	3	70	44	4	6	5	23	0	12	4	17
15	8	40	3	96	90	4	12	7	32	0	13	2	76
16	8	96	4	23	36	4	18	9	40	0	14	1	34
17	9	52	4	49	82	5	4	11	49	0	14	11	92
18	10	8	4	76	28	5	11	1	58	0	15	10	51
19	10	64	5	2	74	5	17	3	67	0	16	9	9
20	11	20	5	29	20	6	3	5	76	0	17	7	68
21	11	76	5	55	66	6	9	7	84	0	18	6	26
22	12	32	5	82	12	6	15	9	93	0	19	4	84
23	12	88	6	8	58	7	2	0	2	1	0	3	43
24	13	44	6	35	4	7	8	2	11	1	1	2	1
25	14	0	6	61	50	7	14	4	20	1	2	0	60
26	14	56	6	87	96	8	0	6	28	1	2	11	18
27	15	12	7	14	42	8	6	8	37	1	3	9	76
28	15	68	7	40	88	8	12	10	46	1	4	8	35
29	16	24	7	67	34	8	19	0	55	1	5	6	93
30	16	80	7	93	80	9	5	2	64	1	6	5	52
31	17	36	8	20	26	9	11	4	72	1	7	4	10
32	17	92	8	46	72	9	17	6	81	1	8	2	68
33	18	48	8	73	18	10	3	8	90	1	9	1	27
34	19	4	8	99	64	10	9	10	99	1	9	11	85
35	19	60	9	26	10	10	16	1	8	1	10	10	44
36	20	16	9	52	56	11	2	3	16	1	11	9	2

Pièces.	Francs	cent.	Florins des Pays-Bas.			Florins courant de Brabant.				Livres de change.			
Stuks.	*Francs.*		*guldens*	*cents*	*100*	*guld.*	*stuyv.*	*den.*	*100*	*wiss.P.*	*sch.*	*gr.*	*100*
37	20	72	9	79	2	11	8	5	25	1	12	7	60
38	21	28	10	5	48	11	14	7	34	1	13	6	19
39	21	84	10	31	94	12	0	9	43	1	14	4	77
40	22	40	10	58	40	12	6	11	52	1	15	3	36
41	22	96	10	84	86	12	13	1	60	1	16	1	94
42	23	52	11	11	32	12	19	3	69	1	17	0	52
43	24	8	11	37	78	13	5	5	78	1	17	11	11
44	24	64	11	64	24	13	11	7	87	1	18	9	69
45	25	20	11	90	70	13	17	9	96	1	19	8	28
46	25	76	12	17	16	14	4	0	4	2	0	6	86
47	26	32	12	43	62	14	10	2	13	2	1	5	44
48	26	88	12	70	8	14	16	4	22	2	2	4	3
49	27	44	12	96	54	15	2	6	31	2	3	2	61
50	28	0	13	23	0	15	8	8	40	2	4	1	20
51	28	56	13	49	46	15	14	10	48	2	4	11	78
52	29	12	13	75	92	16	1	0	57	2	5	10	36
53	29	68	14	2	38	16	7	2	66	2	6	8	95
54	30	24	14	28	84	16	13	4	75	2	7	7	53
55	30	80	14	55	30	16	19	6	84	2	8	6	12
56	31	36	14	81	76	17	5	8	92	2	9	4	70
57	31	92	15	8	22	17	11	11	1	2	10	3	28
58	32	48	15	34	68	17	18	1	10	2	11	1	87
59	33	4	15	61	14	18	4	3	19	2	12	0	45
60	33	60	15	87	60	18	10	5	28	2	12	11	4
61	34	16	16	14	6	18	16	7	36	2	13	9	62
62	34	72	16	40	52	19	2	9	45	2	14	8	20
63	35	28	16	66	98	19	8	11	54	2	15	6	79
64	35	84	16	93	44	19	15	1	63	2	16	5	37
65	36	40	17	19	90	20	1	3	72	2	17	3	96
66	36	96	17	46	36	20	7	5	80	2	18	2	54
67	37	52	17	72	82	20	13	7	89	2	19	1	12
68	38	8	17	99	28	20	19	9	98	2	19	11	71
69	38	64	18	25	74	21	6	0	7	3	0	10	29
70	39	20	18	52	20	21	12	2	16	3	1	8	88
71	39	76	18	78	66	21	18	4	24	3	2	7	46
72	40	32	19	5	12	22	4	6	33	3	3	6	4
73	40	88	19	31	58	22	10	8	42	3	4	4	63
74	41	44	19	58	4	22	16	10	51	3	5	3	21
75	42	0	19	84	50	23	3	0	60	3	6	1	80
76	42	56	20	10	96	23	9	2	68	3	7	0	38
77	43	12	20	37	42	23	15	4	77	3	7	10	96

Pièces.	Francs cent.		Florins des Pays-Bas.			Florins courant de Brabant.				Livres de change.			
Stuks.	*Francs.*		*guldens*	*cents*	*100*	*guld.*	*stuyv.*	*den.*	*100*	*w. P.*	*sch.*	*gr.*	*100*
78	43	68	20	63	88	24	1	6	86	3	8	9	55
79	44	24	20	90	34	24	7	8	95	3	9	8	13
80	44	80	21	16	80	24	13	11	4	3	10	6	72
81	45	36	21	43	26	25	0	1	12	3	11	5	30
82	45	92	21	69	72	25	6	3	21	3	12	3	88
83	46	48	21	96	18	25	12	5	30	3	13	2	47
84	47	4	22	22	64	25	18	7	39	3	14	1	5
85	47	60	22	49	10	26	4	9	48	3	14	11	64
86	48	16	22	75	56	26	10	11	56	3	15	10	22
87	48	72	23	2	2	26	17	1	65	3	16	8	80
88	49	28	23	28	48	27	3	3	74	3	17	7	39
89	49	84	23	54	94	27	9	5	83	3	18	5	97
90	50	40	23	81	40	27	15	7	92	3	19	4	56
91	50	96	24	7	86	28	1	10	0	4	0	3	14
92	51	52	24	34	32	28	8	0	9	4	1	1	72
93	52	8	24	60	78	28	14	2	18	4	2	0	31
94	52	64	24	87	24	29	0	4	27	4	2	10	89
95	53	20	25	13	70	29	6	6	36	4	3	9	48
96	53	76	25	40	16	29	12	8	44	4	4	8	6
97	54	32	25	66	62	29	18	10	53	4	5	6	64
98	54	88	25	93	8	30	5	0	62	4	6	5	23
99	55	44	26	19	54	30	11	2	71	4	7	3	81
100	56		26	46		30	17	4	80	4	8	2	40
200	112		52	92		61	14	9	60	8	16	4	80
300	168		79	38		92	12	2	40	13	4	7	20
400	224		105	84		123	9	7	20	17	12	9	60
500	280		132	30		154	7	0	0	22	1	0	0
600	336		158	76		185	4	4	80	26	9	2	40
700	392		185	22		216	1	9	60	30	17	4	80
800	448		211	68		246	19	2	40	35	5	7	20
900	504		238	14		277	16	7	20	39	13	9	60
1000	560		264	60		308	14			44	2		
2000	1120		529	20		617	8			88	4		
3000	1680		793	80		926	2			132	6		
4000	2240		1058	40		1234	16			176	8		
5000	2800		1323	0		1543	10			220	10		
6000	3360		1587	60		1852	4			264	12		
7000	3920		1852	20		2160	18			308	14		
8000	4480		2116	80		2469	12			352	16		
9000	5040		2381	40		2778	6			396	18		
10000	5600		2646	0		3087	0			441	0		

FRANSCHE KROONEN.

Pièces.	Francs	cent.	Florins des Pays-Bas.			Florins courant de Brabant.				Livres de change.			
Stuks.	*Francs.*		*guldens*	*cents*	*100*	*guld.*	*stuyv.*	*den.*	*100*	*w. P.*	*sch.*	*gr.*	*100*
1	5	80	2	74	5	3	3	11	34	0	9	1	62
2	11	60	5	48	10	6	7	10	68	0	18	3	24
3	17	40	8	22	15	9	11	10	2	1	7	4	86
4	23	20	10	96	20	12	15	9	36	1	16	6	48
5	29	0	13	70	25	15	19	8	70	2	5	8	10
6	34	80	16	44	30	19	3	8	4	2	14	9	72
7	40	60	19	18	35	22	7	7	38	3	3	11	34
8	46	40	21	92	40	25	11	6	72	3	13	0	96
9	52	20	24	66	45	28	15	6	6	4	2	2	58
10	58	0	27	40	50	31	19	5	40	4	11	4	20
11	63	80	30	14	55	35	3	4	74	5	0	5	82
12	69	60	32	88	60	38	7	4	8	5	9	7	44
13	75	40	35	62	65	41	11	3	42	5	18	9	6
14	81	20	38	36	70	44	15	2	76	6	7	10	68
15	87	0	41	10	75	47	19	2	10	6	17	0	30
16	92	80	43	84	80	51	3	1	44	7	6	1	92
17	98	60	46	58	85	54	7	0	78	7	15	3	54
18	104	40	49	32	90	57	11	0	12	8	4	5	16
19	110	20	52	6	95	60	14	11	46	8	13	6	78
20	116	0	54	81	0	63	18	10	80	9	2	8	40
21	121	80	57	55	5	67	2	10	14	9	11	10	2
22	127	60	60	29	10	70	6	9	48	10	0	11	64
23	133	40	63	3	15	73	10	8	82	10	10	1	26
24	139	20	65	77	20	76	14	8	16	10	19	2	88
25	145	0	68	51	25	79	18	7	50	11	8	4	50
26	150	80	71	25	30	83	2	6	84	11	17	6	12
27	156	60	73	99	35	86	6	6	18	12	6	7	74
28	162	40	76	73	40	89	10	5	52	12	15	9	36
29	168	20	79	47	45	92	14	4	86	13	4	10	98
30	174	0	82	21	50	95	18	4	20	13	14	0	60
31	179	80	84	95	55	99	2	3	54	14	3	2	22
32	185	60	87	69	60	102	6	2	88	14	12	3	84
33	191	40	90	43	65	105	10	2	22	15	1	5	46
34	197	20	93	17	70	108	14	1	56	15	10	7	8
35	203	0	95	91	75	111	18	0	90	15	19	8	70
36	208	80	98	65	80	115	2	0	24	16	8	10	32
37	214	60	101	39	85	118	5	11	58	16	17	11	94

Pièces.	Francs	cent	Florins des Pays-Bas.			Florins courant de Brabant.				Livres de change.			
Stuks.	*Francs.*		*guldens*	*cents*	*100*	*guld.*	*stuyv.*	*den.*	*100*	*w.P.*	*sch.*	*gr.*	*100*
38	220	40	104	13	90	121	9	10	92	17	7	1	56
39	226	20	106	87	95	124	13	10	26	17	16	3	18
40	232	0	109	62	0	127	17	9	60	18	5	4	80
41	237	80	112	36	5	131	1	8	94	18	14	6	42
42	243	60	115	10	10	134	5	8	28	19	3	8	4
43	249	40	117	84	15	137	9	7	62	19	12	9	66
44	255	20	120	58	20	140	13	6	96	20	1	11	28
45	261	0	123	32	25	143	17	6	30	20	11	0	90
46	266	80	126	6	30	147	1	5	64	21	0	2	52
47	272	60	128	80	35	150	5	4	98	21	9	4	14
48	278	40	131	54	40	153	9	4	32	21	18	5	76
49	284	20	134	28	45	156	13	3	66	22	7	7	38
50	290	0	137	2	50	159	17	3	0	22	16	9	0
51	295	80	139	76	55	163	1	2	34	23	5	10	62
52	301	60	142	50	60	166	5	1	68	23	15	0	24
53	307	40	145	24	65	169	9	1	2	24	4	1	86
54	313	20	147	98	70	172	13	0	36	24	13	3	48
55	319	0	150	72	75	175	16	11	70	25	2	5	10
56	324	80	153	46	80	179	0	11	4	25	11	6	72
57	330	60	156	20	85	182	4	10	38	26	0	8	34
58	336	40	158	94	90	185	8	9	72	26	9	9	96
59	342	20	161	68	95	188	12	9	6	26	18	11	58
60	348	0	164	43	0	191	16	8	40	27	8	1	20
61	353	80	167	17	5	195	0	7	74	27	17	2	82
62	359	60	169	91	10	198	4	7	8	28	6	4	44
63	365	40	172	65	15	201	8	6	42	28	15	6	6
64	371	20	175	39	20	204	12	5	76	29	4	7	68
65	377	0	178	13	25	207	16	5	10	29	13	9	30
66	382	80	180	87	30	211	0	4	44	30	2	10	92
67	388	60	183	61	35	214	4	3	78	30	12	0	54
68	394	40	186	35	40	217	8	3	12	31	1	2	16
69	400	20	189	9	45	220	12	2	46	31	10	3	78
70	406	0	191	83	50	223	16	1	80	31	19	5	40
71	411	80	194	57	55	227	0	1	14	32	8	7	2
72	417	60	197	31	60	230	4	0	48	32	17	8	64
73	423	40	200	5	65	233	7	11	82	33	6	10	26
74	429	20	202	79	70	236	11	11	16	33	15	11	88
75	435	0	205	53	75	239	15	10	50	34	5	1	50
76	440	80	208	27	80	242	19	9	84	34	14	3	12
77	446	60	211	1	85	246	3	9	18	35	3	4	74
78	452	40	213	75	90	249	7	8	52	35	12	6	36

Pièces.	Francs	cent.	Florins des Pays-Bas.			Florins courant de Brabant.				Livres de change.			
Stuks.	*Francs.*		*guldens*	*cents*	*100*	*guld.*	*stuyv.*	*den.*	*100*	*wiss.P.*	*sch.*	*gr.*	*100*
79	458	20	216	49	95	252	11	7	86	36	1	7	98
80	464	0	219	24	0	255	15	7	20	36	10	9	60
81	469	80	221	98	5	258	19	6	54	36	19	11	22
82	475	60	224	72	10	262	3	5	88	37	9	0	84
83	481	40	227	46	15	265	7	5	22	37	18	2	46
84	487	20	230	20	20	268	11	4	56	38	7	4	8
85	493	0	232	94	25	271	15	3	90	38	16	5	70
86	498	80	235	68	30	274	19	3	24	39	5	7	32
87	504	60	238	42	35	278	3	2	58	39	14	8	94
88	510	40	241	16	40	281	7	1	92	40	3	10	56
89	516	20	243	90	45	284	11	1	26	40	13	0	18
90	522	0	246	64	50	287	15	0	60	41	2	1	80
91	527	80	249	38	55	290	18	11	94	41	11	3	42
92	533	60	252	12	60	294	2	11	28	42	0	5	4
93	539	40	254	86	65	297	6	10	62	42	9	6	66
94	545	20	257	60	70	300	10	9	96	42	18	8	28
95	551	0	260	34	75	303	14	9	30	43	7	9	90
96	556	80	263	8	80	306	18	8	64	43	16	11	52
97	562	60	265	82	85	310	2	7	98	44	6	1	14
98	568	40	268	56	90	313	6	7	32	44	15	2	76
99	574	20	271	30	95	316	10	6	66	45	4	4	38
100	580	0	274	5		319	14	6		45	13	6	
200	1160		548	10		639	9	0		91	7	0	
300	1740		822	15		959	3	6		137	0	6	
400	2320		1096	20		1278	18	0		182	14	0	
500	2900		1370	25		1598	12	6		228	7	6	
600	3480		1644	30		1918	7	0		274	1	0	
700	4060		1918	35		2238	1	6		319	14	6	
800	4640		2192	40		2557	16	0		365	8	0	
900	5220		2466	45		2877	10	6		411	1	6	
1000	5800		2740	50		3197	5			456	15		
2000	11600		5481	0		6394	10			913	10		
3000	17400		8221	50		9591	15			1370	5		
4000	23200		10962	0		12789	0			1827	0		
5000	29000		13702	50		15986	5			2283	15		
6000	34800		16443	0		19183	10			2740	10		
7000	40600		19183	50		22380	15			3197	5		
000	46400		21924	0		25578	0			3654	0		
9000	52200		24664	50		28775	5			4110	15		
10000	58000		27405	0		31972	10			4567	10		

HALVE FRANSCHE KROONEN.

Pièces.	Francs cent.		Florins des Pays-Bas.			Florins courant de Brabant.				Livres de change.			
Stuks.	*Francs.*		*guldens*	*cents*	*100*	*guld.*	*stuyv.*	*den.*	*100*	*wiss.P.*	*sch.*	*gr.*	*100*
1	2	75	1	29	93	1	10	3	82	0	4	3	97
2	5	50	2	59	87	3	0	7	65	0	8	7	95
3	8	25	3	89	81	4	10	11	47	0	12	11	92
4	11	0	5	19	75	6	1	3	30	0	17	3	90
5	13	75	6	49	68	7	11	7	12	1	1	7	87
6	16	50	7	79	62	9	1	10	95	1	5	11	85
7	19	25	9	9	56	10	12	2	77	1	10	3	82
8	22	0	10	39	50	12	2	6	60	1	14	7	80
9	24	75	11	69	43	13	12	10	42	1	18	11	77
10	27	50	12	99	37	15	3	2	25	2	3	3	75
11	30	25	14	29	31	16	13	6	7	2	7	7	72
12	33	0	15	59	25	18	3	9	90	2	11	11	70
13	35	75	16	89	18	19	14	1	72	2	16	3	67
14	38	50	18	19	12	21	4	5	55	3	0	7	65
15	41	25	19	49	6	22	14	9	37	3	4	11	62
16	44	0	20	79	0	24	5	1	20	3	9	3	60
17	46	75	22	8	93	25	15	5	2	3	13	7	57
18	49	50	23	38	87	27	5	8	85	3	17	11	55
19	52	25	24	68	81	28	16	0	67	4	2	3	52
20	55	0	25	98	75	30	6	4	50	4	6	7	50
21	57	75	27	28	68	31	16	8	32	4	10	11	47
22	60	50	28	58	62	33	7	0	15	4	15	3	45
23	63	25	29	88	56	34	17	3	97	4	19	7	42
24	66	0	31	18	50	36	7	7	80	5	3	11	40
25	68	75	32	48	43	37	17	11	62	5	8	3	37
26	71	50	33	78	37	39	8	3	45	5	12	7	35
27	74	25	35	8	31	40	18	7	27	5	16	11	32
28	77	0	36	38	25	42	8	11	10	6	1	3	30
29	79	75	37	68	18	43	19	2	92	6	5	7	27
30	82	50	38	98	12	45	9	6	75	6	9	11	25
31	85	25	40	28	6	46	19	10	57	6	14	3	22
32	88	0	41	58	0	48	10	2	40	6	18	7	20
33	90	75	42	87	93	50	0	6	22	7	2	11	17
34	93	50	44	17	87	51	10	10	5	7	7	3	15
35	96	25	45	47	81	53	1	1	87	7	11	7	12
36	99	0	46	77	75	54	11	5	70	7	15	11	10
37	101	75	48	7	68	56	1	9	52	8	0	3	7

Demi-Cour. de France. — *Halve Fransche Kroon.*

Pièces.	Francs	cent.	Florins des Pays-Bas.			Florins courant de Brabant.				Livres de change.			
Stuks.	*Francs.*		*guldens*	*cents*	*100*	*guld.*	*stuyv.*	*den.*	*100*	*wiss.P.*	*sch.*	*gr.*	*100*
38	104	50	49	37	62	57	12	1	35	8	4	7	5
39	107	25	50	67	56	59	2	5	17	8	8	11	2
40	110	0	51	97	50	60	12	9	0	8	13	3	0
41	112	75	53	27	43	62	3	0	82	8	17	6	97
42	115	50	54	57	37	63	13	4	65	9	1	10	95
43	118	25	55	87	31	65	3	8	47	9	6	2	92
44	121	0	57	17	25	66	14	0	30	9	10	6	90
45	123	75	58	47	18	68	4	4	12	9	14	10	87
46	126	50	59	77	12	69	14	7	95	9	19	2	85
47	129	25	61	7	6	71	4	11	77	10	3	6	82
48	132	0	62	37	0	72	15	3	60	10	7	10	80
49	134	75	63	66	93	74	5	7	42	10	12	2	77
50	137	50	64	96	87	75	15	11	25	10	16	6	75
51	140	25	66	26	81	77	6	3	7	11	0	10	72
52	143	0	67	56	75	78	16	6	90	11	5	2	70
53	145	75	68	86	68	80	6	10	72	11	9	6	67
54	148	50	70	16	62	81	17	2	55	11	13	10	65
55	151	25	71	46	56	83	7	6	37	11	18	2	62
56	154	0	72	76	50	84	17	10	20	12	2	6	60
57	156	75	74	6	43	86	8	2	2	12	6	10	57
58	159	50	75	36	37	87	18	5	85	12	11	2	55
59	162	25	76	66	31	89	8	9	67	12	15	6	52
60	165	0	77	96	25	90	19	1	50	12	19	10	50
61	167	75	79	26	18	92	9	5	32	13	4	2	47
62	170	50	80	56	12	93	19	9	15	13	8	6	45
63	173	25	81	86	6	95	10	0	97	13	12	10	42
64	176	0	83	16	0	97	0	4	80	13	17	2	40
65	178	75	84	45	93	98	10	8	62	14	1	6	37
66	181	50	85	75	87	100	1	0	45	14	5	10	35
67	184	25	87	5	81	101	11	4	27	14	10	2	32
68	187	0	88	35	75	103	1	8	10	14	14	6	30
69	189	75	89	65	68	104	11	11	92	14	18	10	27
70	192	50	90	95	62	106	2	3	75	15	3	2	25
71	195	25	92	25	56	107	12	7	57	15	7	6	22
72	198	0	93	55	50	109	2	11	40	15	11	10	20
73	200	75	94	85	43	110	13	3	22	15	16	2	17
74	203	50	96	15	37	112	3	7	5	16	0	6	15
75	206	25	97	45	31	113	13	10	87	16	4	10	12
76	209	0	98	75	25	115	4	2	70	16	9	2	10
77	211	75	100	5	18	116	14	6	52	16	13	6	7
78	214	50	101	35	12	118	4	10	35	16	17	10	5

30) Demi-Cour. de France. — *Halve Fransche Kroon.*

Pièces.	Francs	cent.	Florins des Pays-Bas.			Florins courant de Prabant.				Livres de change.			
Stuks.	*Francs.*		*guldens*	*cents*	*100*	*guld.*	*stuyv.*	*den.*	*100*	*wiss.P.*	*sch.*	*gr.*	*100*
79	217	25	102	65	6	119	15	2	17	17	2	2	2
80	220	0	103	95	0	121	5	6	0	17	6	6	0
81	222	75	105	24	93	122	15	9	82	17	10	9	97
82	225	50	106	54	87	124	6	1	65	17	15	1	95
83	228	25	107	84	81	125	16	5	47	17	19	5	92
84	231	0	109	14	75	127	6	9	30	18	3	9	90
85	233	75	110	44	68	128	17	1	12	18	8	1	87
86	236	50	111	74	62	130	7	4	95	18	12	5	85
87	239	25	113	4	56	131	17	8	77	18	16	9	82
88	242	0	114	34	50	133	8	0	60	19	1	1	80
89	244	75	115	64	43	134	18	4	42	19	5	5	77
90	247	50	116	94	37	136	8	8	25	19	9	9	75
91	250	25	118	24	31	137	19	0	7	19	14	1	72
92	253	0	119	54	25	139	9	3	90	19	18	5	70
93	255	75	120	84	18	140	19	7	72	20	2	9	67
94	258	50	122	14	12	142	9	11	55	20	7	1	65
95	261	25	123	44	6	144	0	3	37	20	11	5	62
96	264	0	124	74	0	145	10	7	20	20	15	9	60
97	266	75	126	3	93	147	0	11	2	21	0	1	57
98	269	50	127	33	87	148	11	2	85	21	4	5	55
99	272	25	128	63	81	150	1	6	67	21	8	9	52
100	275		129	93	75	151	11	10	50	21	13	1	50
200	550		259	87	50	303	3	9	0	43	6	3	0
300	825		389	81	25	454	15	7	50	64	19	4	50
400	1100		519	75	0	606	7	6	0	86	12	6	0
500	1375		649	68	75	757	19	4	50	108	5	7	50
600	1650		779	62	50	909	11	3	0	129	18	9	0
700	1925		909	56	25	1061	3	1	50	151	11	10	50
800	2200		1039	50	0	1212	15	0	0	173	5	0	0
900	2475		1169	43	75	1364	6	10	50	194	18	1	50
1000	2750		1299	37	50	1515	18	9		216	11	3	
2000	5500		2598	75	0	3031	17	6		433	3	6	
3000	8250		3898	12	50	4547	16	3		649	13	9	
4000	11000		5197	50	0	6063	15	0		866	5	0	
5000	13750		6496	87	50	7579	13	9		1082	16	3	
6000	16500		7796	25	0	9095	12	6		1299	7	6	
7000	19250		9095	62	50	10611	11	3		1515	18	9	
8000	22000		10395	0	0	12127	10	0		1732	10	0	
9000	24750		11694	37	50	13643	8	9		1949	1	3	
10000	27500		12993	75	0	15159	7	6		2156	12	6	

PIÈCES FLORINS DE HOLLANDE.

Lorsqu'on aura des pièces de deux Florins à réduire, on doublera la valeur du nombre des pièces d'un Florin; on en fera de même pour les pièces de trois Florins en triplant le nombre des pièces d'un Florin, etc.

HOLLANDSCHE GULDEN-STUKKEN.

Om stukken van twee Guldens te reduceren, neemt men 't dobbel der weirde van eenen Gulden, insgelyks voor de gene van dry Guldens neemt men dry mael de weirde der stukken van eenen Gulden, ens.

Pièces.	Francs	cent.	Florins des Pays-Bas.			Florins courant de Brabant.				Livres de change.			
Stuks.	*Francs.*		*guldens*	*cents*	*100*	*guld.*	*stuyv.*	*den.*	*100*	*w. P.*	*sch.*	*gr.*	*100*
1	2	3	0	95	91	1	2	4	56	0	3	2	36
2	4	6	1	91	83	2	4	9	13	0	6	4	73
3	6	9	2	87	75	3	7	1	70	0	9	7	10
4	8	12	3	83	67	4	9	6	27	0	12	9	46
5	10	15	4	79	58	5	11	10	84	0	15	11	83
6	12	18	5	75	50	6	14	3	41	0	19	2	20
7	14	21	6	71	42	7	16	7	98	1	2	4	56
8	16	24	7	67	34	8	19	0	55	1	5	6	93
9	18	27	8	63	25	10	1	5	12	1	8	9	30
10	20	30	9	59	17	11	3	9	69	1	11	11	67
20	40	60	19	18	35	22	7	7	38	3	3	11	34
30	60	90	28	77	52	33	11	5	7	4	15	11	1
40	81	20	38	36	70	44	15	2	76	6	7	10	68
50	101	50	47	95	87	55	19	0	45	7	19	10	35
60	121	80	57	55	5	67	2	10	14	9	11	10	0
70	142	10	67	14	22	78	6	7	83	11	3	9	69
80	162	40	76	73	40	89	10	5	52	12	15	9	36
90	182	70	86	32	57	100	14	3	21	14	7	9	3
100	203		95	91	75	111	18	0	90	15	19	8	70
200	406		191	83	50	223	16	1	80	31	19	5	40
300	609		287	75	25	335	14	2	70	47	19	2	10
400	812		383	67	0	447	12	3	60	63	18	10	80
500	1015		479	58	75	559	10	4	50	79	18	7	50
600	1218		575	50	50	671	8	5	40	95	18	4	20
700	1421		671	42	25	783	6	6	30	111	18	0	90
800	1624		767	34	0	895	4	7	20	127	17	9	60
900	1827		863	25	75	1007	2	8	10	143	17	6	30
1000	2030		959	17	50	1119	0	9		159	17	3	
2000	4060		1918	35	0	2238	1	6		319	14	6	
3000	6090		2877	52	50	3357	2	3		479	11	9	
4000	8120		3836	70	0	4476	3	0		639	9	0	
5000	10150		4795	87	50	5595	3	9		799	6	3	
6000	12180		5755	5	0	6714	4	6		959	3	6	
10000	20300		9591	75	0	11190	7	6		1598	12	6	

ZEEUWSCHE RYKXDAELDERS.

Pièces.	Francs cent.		Florins des Pays-Bas.			Florins courant de Brabant.				Livres de change.			
Stuks.	*Francs.*		*guldens*	*cents*	*100*	*guld.*	*stuyv.*	*den.*	*100*	*wiss.P.*	*sch.*	*gr.*	*100*
1	5	16	2	43	81	2	16	10	66	0	8	1	52
2	10	32	4	87	62	5	13	9	33	0	16	3	4
3	15	48	7	31	43	8	10	8	0	1	4	4	57
4	20	64	9	75	24	11	7	6	67	1	12	6	9
5	25	80	12	19	5	14	4	5	34	2	0	7	62
6	30	96	14	62	86	17	1	4	0	2	8	9	14
7	36	12	17	6	67	19	18	2	67	2	16	10	66
8	41	28	19	50	48	22	15	1	34	3	5	0	19
9	46	44	21	94	29	25	12	0	1	3	13	1	71
10	51	60	24	38	10	28	8	10	68	4	1	3	24
20	103	20	48	76	20	56	17	9	36	8	2	6	48
30	154	80	73	14	30	85	6	8	4	12	3	9	72
40	206	40	97	52	40	113	15	6	72	16	5	0	96
50	258	0	121	90	50	142	4	5	40	20	6	4	20
60	309	60	146	28	60	170	13	4	8	24	7	7	44
70	361	20	170	66	70	199	2	2	76	28	8	10	68
80	412	80	195	4	80	227	11	1	44	32	10	1	92
90	464	40	219	42	90	256	0	0	12	36	11	5	16
100	516		243	81		284	8	10	80	40	12	8	40
200	1032		487	62		568	17	9	60	81	5	4	80
300	1548		731	43		853	6	8	40	121	18	1	20
400	2064		975	24		1137	15	7	20	162	10	9	60
500	2580		1219	5		1422	4	6	0	203	3	6	0
600	3096		1462	86		1706	13	4	80	243	16	2	40
700	3612		1706	67		1991	2	3	60	284	8	10	80
800	4128		1950	48		2275	11	2	40	325	1	7	20
900	4644		2194	29		2560	0	1	20	365	14	3	60
1000	5160		2438	10		2844	9			406	7		
2000	10320		4876	20		5688	18			812	14		
3000	15480		7314	30		8533	7			1219	1		
4000	20640		9752	40		11377	16			1625	8		
5000	25800		12190	50		14222	5			2031	15		
6000	30960		14628	60		17066	14			2438	2		
7000	36120		17066	70		19911	3			2844	9		
8000	41280		19504	80		22755	12			3250	16		
9000	46440		21942	90		25600	1			3657	3		
10000	51600		24381	0		28444	10			4063	10		

HOLLANDSCHE RYKXDAELDERS.

Pièces.	Francs	cent.	Florins des Pays-Bas.			Florins courant de Brabant.				Livres de change.			
Stuks.	*Francs.*		*guldens*	*cents*	*100*	*guld.*	*stuyv.*	*den.*	*100*	*wiss.P.*	*sch.*	*gr.*	*100*
1	5	28	2	49	48	2	18	2	54	0	8	3	79
2	10	56	4	98	96	5	16	5	8	0	16	7	58
3	15	84	7	48	44	8	14	7	63	1	4	11	37
4	21	12	9	97	92	11	12	10	17	1	13	3	16
5	26	40	12	47	40	14	11	0	72	2	1	6	96
6	31	68	14	96	88	17	9	3	26	2	9	10	75
7	36	96	17	46	36	20	7	5	80	2	18	2	54
8	42	24	19	95	84	23	5	8	35	3	6	6	33
9	47	52	22	45	32	26	3	10	89	3	14	10	12
10	52	80	24	94	80	29	2	1	44	4	3	1	92
20	105	60	49	89	60	58	4	2	88	8	6	3	84
30	158	40	74	84	40	87	6	4	32	12	9	5	76
40	211	20	99	79	20	116	8	5	76	16	12	7	68
50	264	0	124	74	0	145	10	7	20	20	15	9	60
60	316	80	149	68	80	174	12	8	64	24	18	11	52
70	369	60	174	63	60	203	14	10	8	29	2	1	44
80	422	40	199	58	40	232	16	11	52	33	5	3	36
90	475	20	224	53	20	261	19	0	96	37	8	5	28
100	528		249	48		291	1	2	40	41	11	7	20
200	1056		498	96		582	2	4	80	83	3	2	40
300	1584		748	44		873	3	7	20	124	14	9	60
400	2112		997	92		1164	4	9	60	166	6	4	80
500	2640		1247	40		1455	6	0	0	207	18	0	0
600	3168		1496	88		1746	7	2	40	249	9	7	20
700	3696		1746	36		2037	8	4	80	291	1	2	40
800	4224		1995	84		2328	9	7	20	332	12	9	60
900	4752		2245	32		2619	10	9	60	374	4	4	80
1000	5280		2494	80		2910	12			415	16		
2000	10560		4989	60		5821	4			831	12		
3000	15840		7484	40		8731	16			1247	8		
4000	21120		9979	20		11642	8			1663	4		
5000	26400		12474	0		14553	0			2079	0		
6000	31680		14968	80		17463	12			2494	16		
7000	36960		17463	60		20374	4			2910	12		
8000	42240		19958	40		23284	16			3326	8		
9000	47520		22453	20		26195	8			3742	4		
10000	52800		24948	0		29106	0			4158	0		

DUCATEN.

Pièces.	Francs	cent.	Florins des Pays-Bas.			Florins courant de Brabant.				Livres de change.			
Stuks.	*Francs.*		*guldens*	*cents*	*100*	*guld.*	*stuyv.*	*den.*	*100*	*wiss.P.*	*sch.*	*gr.*	*100*
1	11	42	5	39	59	6	5	10	86	0	17	11	83
2	22	84	10	79	19	12	11	9	73	1	15	11	67
3	34	26	16	18	78	18	17	8	59	2	13	11	51
4	45	68	21	58	38	25	3	7	46	3	11	11	35
5	57	10	26	97	97	31	9	6	33	4	9	11	19
6	68	52	32	37	57	37	15	5	19	5	7	11	2
7	79	94	37	77	16	44	1	4	6	6	5	10	86
8	91	36	43	16	76	50	7	2	92	7	3	10	70
9	102	78	48	56	35	56	13	1	79	8	1	10	54
10	114	20	53	95	95	62	19	0	66	8	19	10	38
20	228	40	107	91	90	125	18	1	32	17	19	8	76
30	342	60	161	87	85	188	17	1	98	26	19	7	14
40	456	80	215	83	80	251	16	2	64	35	19	5	52
50	571	0	269	79	75	314	15	3	30	44	19	3	90
60	685	20	323	75	70	377	14	3	96	53	19	2	28
70	799	40	377	72	65	440	13	4	62	62	19	0	66
80	913	60	431	67	60	503	12	5	28	71	18	11	4
90	1027	80	485	63	55	566	11	5	94	80	18	9	42
100	1142		539	59	50	629	10	6	60	89	18	7	80
200	2284		1079	19	0	1259	1	1	20	179	17	3	60
300	3426		1618	78	50	1888	11	7	80	269	15	11	40
400	4568		2158	38	0	2518	2	2	40	359	14	7	20
500	5710		2697	97	50	3147	12	9	0	449	13	3	0
600	6852		3237	57	0	3777	3	3	60	539	11	10	80
700	7994		3777	16	50	4406	13	10	20	629	10	6	60
800	9136		4316	76	0	5036	4	4	80	719	9	2	40
900	10278		4856	35	50	5665	14	11	40	809	7	10	20
1000	11420		5395	95		6295	5	6		899	6	6	
2000	22840		10791	90		12590	11	0		1798	13	0	
3000	34260		16187	85		18885	16	6		2697	19	6	
4000	45680		21583	80		25181	2	0		3597	6	0	
5000	57100		26979	75		31476	7	6		4496	12	6	
6000	68520		32375	70		37771	13	0		5395	19	0	
7000	79940		37771	65		44066	18	6		6295	5	6	
8000	91360		43167	60		50362	4	0		7194	12	0	
9000	102780		48563	55		56657	9	6		8093	18	6	
10000	114200		53959	50		62952	15	0		8993	5	0	

SOUVERAINS.

Lorsqu'on aura de doubles Souverains à réduire, on prendra le même nombre et on doublera la valeur.

SOUVEREYNEN.

Om dobbele Souvereynen te reduceren, neemt men twee mael de weirde van de enkele.

Pièces.	Francs	cent.	Florins des Pays-Bas.			Florins courant de Brabant.				Livres de change.			
Stuks.	*Francs.*		*guldens*	*cents*	*100*	*guld.*	*stuyv.*	*den.*	*100*	*wiss. P.*	*sch.*	*gr.*	*100*
½	8	45	3	99	26	4	13	1	93	0	13	3	70
1	16	90	7	98	52	9	6	3	87	1	6	7	41
2	33	80	15	97	5	18	12	7	74	2	13	2	82
3	50	70	23	95	57	27	18	11	61	3	19	10	23
4	67	60	31	94	10	37	5	3	48	5	6	5	64
5	84	50	39	92	62	46	11	7	35	6	13	1	5
6	101	40	47	91	15	55	17	11	22	7	19	8	46
7	118	30	55	89	67	65	4	3	9	9	6	3	87
8	135	20	63	88	20	74	10	6	96	10	12	11	28
9	152	10	71	86	72	83	16	10	83	11	19	6	69
10	169		79	85	25	93	3	2	70	13	6	2	10
20	338		159	70	50	186	6	5	40	26	12	4	20
30	507		239	55	75	279	9	8	10	39	18	6	30
40	676		319	41	0	372	12	10	80	53	4	8	40
50	845		399	26	25	465	16	1	50	66	10	10	50
60	1014		479	11	50	558	19	4	20	79	17	0	60
70	1183		558	96	75	652	2	6	90	93	3	2	70
80	1352		638	82	0	745	5	9	60	106	9	4	80
90	1521		718	67	25	838	9	0	30	119	15	6	90
100	1690		798	52	50	931	12	3		133	1	9	
200	3380		1597	5	0	1863	4	6		266	3	6	
300	5070		2395	57	50	2794	16	9		399	5	3	
400	6760		3194	10	0	3726	9	0		532	7	0	
500	8450		3992	62	50	4658	1	3		665	8	9	
600	10140		4791	15	0	5589	13	6		798	10	6	
700	11830		5589	67	50	6521	5	9		931	12	3	
800	13520		6388	20	0	7452	18	0		1064	14	0	
900	15210		7186	72	50	8384	10	3		1197	15	9	
1000	16900		7985	25		9316	2	6		1330	17	6	
2000	33800		15970	50		18632	5	0		2661	15	0	
3000	50700		23955	75		27948	7	6		3992	12	6	
4000	67600		31941	0		37264	10	0		5323	10	0	
5000	84500		39926	25		46580	12	6		6654	7	6	
6000	101400		47911	50		55896	15	0		7985	5	0	
7000	118300		55896	75		65212	17	6		9316	2	6	
8000	135200		63882	0		74529	0	0		10647	0	0	
9000	152100		71867	25		83845	2	6		11977	17	6	
10000	169000		79852	50		93161	5	0		13308	15	0	

GOUDE LOUISEN.

Pièces.	Francs cent.		Florins des Pays-Bas.			Florins courant de Brabant.				Livres de change.			
Stuks.	*Francs.*		*guldens*	*cents*	*100*	*guld.*	*stuyv.*	*den.*	*100*	*wiss.P.*	*sch.*	*gr.*	*100*
1	23	55	11	12	73	12	19	7	66	1	17	1	9
2	47	10	22	25	47	25	19	3	33	3	14	2	19
3	70	65	33	38	21	38	18	10	99	5	11	3	28
4	94	20	44	50	95	51	18	6	66	7	8	4	38
5	117	75	55	63	68	64	18	2	32	9	5	5	47
6	141	30	66	76	42	77	17	9	99	11	2	6	57
7	164	85	77	89	16	90	17	5	65	12	19	7	66
8	188	40	89	1	90	103	17	1	32	14	16	8	76
9	211	95	100	14	63	116	16	8	98	16	13	9	85
10	235	50	111	27	37	129	16	4	65	18	10	10	95
20	471	0	222	54	75	259	12	9	30	37	1	9	90
30	706	50	333	82	12	389	9	1	95	55	12	8	85
40	942	0	445	9	50	519	5	6	60	74	3	7	80
50	1177	50	556	36	87	649	1	11	25	92	14	6	75
60	1413	0	667	64	25	778	18	3	90	111	5	5	70
70	1648	50	778	91	62	908	14	8	55	129	16	4	65
80	1884	0	890	19	0	1038	11	1	20	148	7	3	60
90	2119	50	1001	46	37	1168	7	5	85	166	18	2	55
100	2355		1112	73	75	1298	3	10	50	185	9	1	50
200	4710		2223	47	50	2596	7	9	0	370	18	3	0
300	7065		3338	21	25	3894	11	7	50	556	7	4	50
400	9420		4450	95	0	5192	15	6	0	741	16	6	0
500	11775		5563	68	75	6490	19	4	50	927	5	7	50
600	14130		6676	42	50	7789	3	3	0	1112	14	9	0
700	16485		7789	16	25	9087	7	1	50	1298	3	10	50
800	18840		8901	90	0	10385	11	0	0	1483	13	0	0
900	21195		10014	63	75	11683	14	10	50	1669	2	1	50
1000	23550		11127	37	50	12981	18	9		1854	11	3	
2000	47100		22254	75	0	25963	17	6		3709	2	6	
3000	70650		33382	12	50	38945	16	3		5563	13	9	
4000	94200		44509	50	0	51927	15	0		7418	5	0	
5000	117750		55636	87	50	64909	13	9		9272	16	3	
6000	141300		66764	25	0	77891	12	6		11127	7	5	
7000	164850		77891	62	50	90873	11	3		12981	18	9	
8000	188400		89019	0	0	103855	10	0		14836	10	0	
9000	211950		100146	37	50	116837	8	9		16691	1	3	
10000	235500		111273	75	0	129819	7	6		18545	12	6	

DOBBELE GOUDE LOUISEN.

Pièces.	Francs cent.		Florins des Pays-Bas.			Florins courant de Brabant.				Livres de change.			
Stuks.	*Francs.*		*guldens*	*cents*	*100*	*guld.*	*stuyv.*	*den.*	*100*	*wiss.P.*	*sch.*	*gr.*	*100*
1	47	20	22	30	20	26	0	4	56	3	14	4	8
2	94	40	44	60	40	52	0	9	12	7	8	8	16
3	141	60	66	90	60	78	1	1	68	11	3	0	24
4	188	80	89	20	80	104	1	6	24	14	17	4	32
5	236	0	111	51	0	130	1	10	80	18	11	8	40
6	283	20	133	81	20	156	2	3	36	22	6	0	48
7	330	40	156	11	40	182	2	7	92	26	0	4	56
8	377	60	178	41	60	208	3	0	48	29	14	8	64
9	424	80	200	71	80	234	3	5	4	33	9	0	72
10	472		223	2		260	3	9	60	37	3	2	80
20	944		446	4		520	7	7	20	74	6	9	60
30	1416		669	6		780	11	4	80	111	10	2	40
40	1888		892	8		1040	15	2	40	148	13	7	20
50	2360		1115	10		1300	19	0	0	185	17	0	0
60	2832		1338	12		1561	2	9	60	223	0	4	80
70	3304		1561	14		1821	6	7	20	260	3	9	60
80	3776		1784	16		2081	10	4	80	297	7	2	40
90	4248		2007	18		2341	14	2	40	334	10	7	20
100	4720		2230	20		2601	18			371	14		
200	9440		4460	40		5203	16			743	8		
300	14160		6690	60		7805	14			1115	2		
400	18880		8920	80		10407	12			1486	16		
500	23600		11151	0		13009	10			1858	10		
600	28320		13381	20		15611	8			2230	4		
700	33040		15611	40		18213	6			2601	18		
800	37760		17841	60		20815	4			2973	12		
900	42480		20071	80		23417	2			3345	6		
1000	47200		22302			26019				3717			
2000	94400		44604			52038				7434			
3000	141600		66906			78057				11151			
4000	188800		89208			104076				14868			
5000	236000		111510			130095				18585			
6000	283200		133812			156114				22302			
7000	330400		156114			182133				26019			
8000	377600		178416			208152				29736			
9000	424800		200718			234171				33453			
10000	472000		223020			260190				37170			

RÉDUCTION

Des Florins des Pays-Bas, monnaie réelle et de compte, en Florins courant de Brabant, monnaie imaginaire et de compte, en Francs monnaie réelle et de compte, et en Livres de gros de change.

REDUCTIE

Der Nederlandsche Guldens, stand-geld, in Guldens Brabants courant, reken-geld, in Francs, stand- en reken-geld, en in Ponden grooten wisselgeld.

Florins d. Pays-Bas.	Florins courant de Brabant.				Francs.			Livres de change.			
cents.	*guld.*	*stuyv.*	*den.*	*10*	*Francs*	*centim.*	*100*	*wiss. P.*	*sch.*	*gr.*	*10*
1	0	0	2	8	0	2	11	0	0	0	4
2	0	0	5	6	0	4	23	0	0	0	8
3	0	0	8	4	0	6	34	0	0	1	2
4	0	0	11	2	0	8	46	0	0	1	6
5	0	1	2	0	0	10	58	0	0	2	0
6	0	1	4	8	0	12	69	0	0	2	4
7	0	1	7	6	0	14	81	0	0	2	8
8	0	1	10	4	0	16	93	0	0	3	2
9	0	2	1	2	0	19	4	0	0	3	6
10	0	2	4	0	0	21	16	0	0	4	0
11	0	2	6	8	0	23	28	0	0	4	4
12	0	2	9	6	0	25	39	0	0	4	8
13	0	3	0	4	0	27	51	0	0	5	2
14	0	3	3	2	0	29	62	0	0	5	6
15	0	3	6	0	0	31	74	0	0	6	0
16	0	3	8	8	0	33	86	0	0	6	4
17	0	3	11	6	0	35	97	0	0	6	8
18	0	4	2	4	0	38	9	0	0	7	2
19	0	4	5	2	0	40	21	0	0	7	6
20	0	4	8	0	0	42	32	0	0	8	0
21	0	4	10	8	0	44	44	0	0	8	4
22	0	5	1	6	0	46	56	0	0	8	8
23	0	5	4	4	0	48	67	0	0	9	2
24	0	5	7	2	0	50	79	0	0	9	6
25	0	5	10	0	0	52	91	0	0	10	0
26	0	6	0	8	0	55	2	0	0	10	4
27	0	6	3	6	0	57	14	0	0	10	8
28	0	6	6	4	0	59	25	0	0	11	2
29	0	6	9	2	0	61	37	0	0	11	6
30	0	7	0	0	0	63	49	0	1	0	0
31	0	7	2	8	0	65	60	0	1	0	4
32	0	7	5	6	0	67	72	0	1	0	8
33	0	7	8	4	0	69	84	0	1	1	2
34	0	7	11	2	0	71	95	0	1	1	6

Florins d. Pays-Bas.	Florins courant de Brabant.				Francs.			Livres de change.			
cents.	*guld.*	*stuyv.*	*den.*	*10*	*Francs*	*centim.*	*100*	*wisse. P.*	*sch.*	*gr.*	*20*
35	0	8	2	0	0	74	7	0	1	2	0
36	0	8	4	8	0	76	19	0	1	2	4
37	0	8	7	6	0	78	30	0	1	2	8
38	0	8	10	4	0	80	42	0	1	3	2
39	0	9	1	2	0	82	53	0	1	3	6
40	0	9	4	0	0	84	65	0	1	4	0
41	0	9	6	8	0	86	77	0	1	4	4
42	0	9	9	6	0	88	88	0	1	4	8
43	0	10	0	4	0	91	0	0	1	5	2
44	0	10	3	2	0	93	12	0	1	5	6
45	0	10	6	0	0	95	23	0	1	6	0
46	0	10	8	8	0	97	35	0	1	6	4
47	0	10	11	6	0	99	47	0	1	6	8
48	0	11	2	4	1	1	58	0	1	7	2
49	0	11	5	2	1	3	70	0	1	7	6
50	0	11	8	0	1	5	82	0	1	8	0
51	0	11	10	8	1	7	93	0	1	8	4
52	0	12	1	6	1	10	5	0	1	8	8
53	0	12	4	4	1	12	16	0	1	9	2
54	0	12	7	2	1	14	28	0	1	9	6
55	0	12	10	0	1	16	40	0	1	10	0
56	0	13	0	8	1	18	51	0	1	10	4
57	0	13	3	6	1	20	63	0	1	10	8
58	0	13	6	4	1	22	75	0	1	11	2
59	0	13	9	2	1	24	86	0	1	11	6
60	0	14	0	0	1	26	98	0	2	0	0
61	0	14	2	8	1	29	10	0	2	0	4
62	0	14	5	6	1	31	21	0	2	0	8
63	0	14	8	4	1	33	33	0	2	1	2
64	0	14	11	2	1	35	44	0	2	1	6
65	0	15	2	0	1	37	56	0	2	2	0
66	0	15	4	8	1	39	68	0	2	2	4
67	0	15	7	6	1	41	79	0	2	2	8
68	0	15	10	4	1	43	91	0	2	3	2
69	0	16	1	2	1	46	3	0	2	3	6
70	0	16	4	0	1	48	14	0	2	4	0
71	0	16	6	8	1	50	26	0	2	4	4
72	0	16	9	6	1	52	38	0	2	4	8
73	0	17	0	4	1	54	49	0	2	5	2
74	0	17	3	2	1	56	61	0	2	5	6
75	0	17	6	0	1	58	73	0	2	6	0

Florins d. Pays-Bas.	Florins courant de Brabant.				Francs.			Livres de change.			
cents.	*guld.*	*stuyv.*	*den.*	*10*	*Francs*	*centim.*	*100*	*wiss. P.*	*sch.*	*gr.*	*10*
76	0	17	8	8	1	60	84	0	2	6	4
77	0	17	11	6	1	62	96	0	2	6	8
78	0	18	2	4	1	65	7	0	2	7	2
79	0	18	5	2	1	67	19	0	2	7	6
80	0	18	8	0	1	69	31	0	2	8	0
81	0	18	10	8	1	71	42	0	2	8	4
82	0	19	1	6	1	73	54	0	2	8	8
83	0	19	4	4	1	75	66	0	2	9	2
84	0	19	7	2	1	77	77	0	2	9	6
85	0	19	10	0	1	79	89	0	2	10	0
86	1	0	0	8	1	82	1	0	2	10	4
87	1	0	3	6	1	84	12	0	2	10	8
88	1	0	6	4	1	86	24	0	2	11	2
89	1	0	9	2	1	88	35	0	2	11	6
90	1	1	0	0	1	90	47	0	3	0	0
91	1	1	2	8	1	92	59	0	3	0	4
92	1	1	5	6	1	94	70	0	3	0	8
93	1	1	8	4	1	96	82	0	3	1	2
94	1	1	11	2	1	98	94	0	3	1	6
95	1	2	2	0	2	1	5	0	3	2	0
96	1	2	4	8	2	3	17	0	3	2	4
97	1	2	7	6	2	5	29	0	3	2	8
98	1	2	10	4	2	7	40	0	3	3	2
99	1	3	1	2	2	9	52	0	3	3	6
Florins.											
1	1	3	4		2	11	64	0	3	4	
2	2	6	8		4	23	28	0	6	8	
3	3	10	0		6	34	92	0	10	0	
4	4	13	4		8	46	56	0	13	4	
5	5	16	8		10	58	20	0	16	8	
6	7	0	0		12	69	84	1	0	0	
7	8	3	4		14	81	48	1	3	4	
8	9	6	8		16	93	12	1	6	8	
9	10	10	0		19	4	76	1	10	0	
10	11	13	4		21	16	40	1	13	4	
11	12	16	8		23	28	4	1	16	8	
12	14	0	0		25	39	68	2	0	0	
13	15	3	4		27	51	32	2	3	4	
14	16	6	8		29	62	96	2	6	8	
15	17	10	0		31	74	60	2	10	0	
16	18	13	4		33	86	24	2	13	4	

Florins d. Pays-Bas.	Florins courant de Brabant.			Francs.			Livres de change.		
guldens.	*guld.*	*stuyv.*	*den.*	*Francs*	*centim.*	*100*	*wiss. P.*	*sch.*	*gr.*
17	19	16	8	35	97	88	2	16	8
18	21	0	0	38	9	52	3	0	0
19	22	3	4	40	21	16	3	3	4
20	23	6	8	42	32	80	3	6	8
21	24	10	0	44	44	44	3	10	0
22	25	13	4	46	56	8	3	13	4
23	26	16	8	48	67	72	3	16	8
24	28	0	0	50	79	36	4	0	0
25	29	3	4	52	91	0	4	3	4
26	30	6	8	55	2	64	4	6	8
27	31	10	0	57	14	28	4	10	0
28	32	13	4	59	25	92	4	13	4
29	33	16	8	61	37	56	4	16	8
30	35	0	0	63	49	20	5	0	0
31	36	3	4	65	60	84	5	3	4
32	37	6	8	67	72	48	5	6	8
33	38	10	0	69	84	12	5	10	0
34	39	13	4	71	95	76	5	13	4
35	40	16	8	74	7	40	5	16	8
36	42	0	0	76	19	4	6	0	0
37	43	3	4	78	30	68	6	3	4
38	44	6	8	80	42	32	6	6	8
39	45	10	0	82	53	96	6	10	0
40	46	13	4	84	65	60	6	13	4
41	47	16	8	86	77	24	6	16	8
42	49	0	0	88	88	89	7	0	0
43	50	3	4	91	0	52	7	3	4
44	51	6	8	93	12	16	7	6	8
45	52	10	0	95	23	81	7	10	0
46	53	13	4	97	35	44	7	13	4
47	54	16	8	99	47	8	7	16	8
48	56	0	0	101	58	72	8	0	0
49	57	3	4	103	70	36	8	3	4
50	58	6	8	105	82	0	8	6	8
51	59	10	0	107	93	64	8	10	0
52	60	13	4	110	5	28	8	13	4
53	61	16	8	112	16	92	8	16	8
54	63	0	0	114	28	56	9	0	0
55	64	3	4	116	40	20	9	3	4
56	65	6	8	118	51	84	9	6	8
57	66	10	0	120	63	48	9	10	0

Florins d. Pays-Bas.	Florins courant de Brabant.			Francs.			Livres de change.		
guldens.	*guld.*	*stuyv.*	*den.*	*Francs*	*centim.*	*100*	*wiss. P.*	*sch.*	*gr.*
58	67	13	4	122	75	12	9	13	4
59	68	16	8	124	86	76	9	16	8
60	70	0	0	126	98	41	10	0	0
61	71	3	4	129	10	4	10	3	4
62	72	6	8	131	21	68	10	6	8
63	73	10	0	133	33	32	10	10	0
64	74	13	4	135	44	96	10	13	4
65	75	16	8	137	56	60	10	16	8
66	77	0	0	139	68	24	11	0	0
67	78	3	4	141	79	88	11	3	4
68	79	6	8	143	91	52	11	6	8
69	80	10	0	146	3	16	11	10	0
70	81	13	4	148	14	81	11	13	4
71	82	16	8	150	26	44	11	16	8
72	84	0	0	152	38	8	12	0	0
73	85	3	4	154	49	72	12	3	4
74	86	6	8	156	61	36	12	6	8
75	87	10	0	158	73	0	12	10	0
76	88	13	4	160	84	64	12	13	4
77	89	16	8	162	96	28	12	16	8
78	91	0	0	165	7	92	13	0	0
79	92	3	4	167	19	56	13	3	4
80	93	6	8	169	31	21	13	6	8
81	94	10	0	171	42	84	13	10	0
82	95	13	4	173	54	48	13	13	4
83	96	16	8	175	66	13	13	16	8
84	98	0	0	177	77	77	14	0	0
85	99	3	4	179	89	41	14	3	4
86	100	6	8	182	1	4	14	6	8
87	101	10	0	184	12	68	14	10	0
88	102	13	4	186	24	32	14	13	4
89	103	16	8	188	35	97	14	16	8
90	105	0	0	190	47	61	15	0	0
91	106	3	4	192	59	25	15	3	4
92	107	6	8	194	70	88	15	6	8
93	108	10	0	196	82	52	15	10	0
94	109	13	4	198	94	16	15	13	4
95	110	16	8	201	5	80	15	16	8
96	112	0	0	203	17	44	16	0	0
97	113	3	4	205	29	8	16	3	4
98	114	6	8	207	40	72	16	6	8

Florins d. Pays-Bas.	Florins courant de Brabant.			Francs.			Livres. de change.		
guldens.	*guld.*	*stuyv.*	*deu.*	*Francs*	*centim.*	*100*	*wiss. P.*	*sch.*	*gr.*
99	115	10	0	209	52	37	16	10	0
100	116	13	4	211	64	2	16	13	4
200	233	6	8	423	28	4	33	6	8
300	350	0	0	634	92	6	50	0	0
400	466	13	4	846	56	8	66	13	4
500	583	6	8	1058	20	11	83	6	8
600	700	0	0	1269	84	13	100	0	0
700	816	13	4	1481	48	15	116	13	4
800	933	6	8	1693	12	17	133	6	8
900	1050	0	0	1904	76	19	150	0	0
1000	1166	13	4	2116	40	21	166	13	4
2000	2333	6	8	4232	80	42	333	6	8
3000	3500	0	0	6349	20	63	500	0	0
4000	4666	13	4	8465	60	85	666	13	4
5000	5833	6	8	10582	1	6	833	6	8
6000	7000	0	0	12698	41	27	1000	0	0
7000	8166	13	4	14814	81	48	1166	13	4
8000	9333	6	8	16931	21	69	1333	6	8
9000	10500	0	0	19047	61	90	1500	0	0
10000	11666	13	4	21164	2	11	1666	13	4

RÉDUCTION

Des cents du Florin des Pays-Bas en argent de change.
(Un Florin de change est égal à un Florin des Pays-Bas.)

REDUCTIE

Der cents van den Nederlandschen Gulden in wisselgeld.
[Eenen Gulden wisselgeld is gelyk aen eenen Nederlandschen.]

Cents de Florin.	Argent de change de Brabant.				Cents de Florin.	Argent de change de Brabant.			
cents.	*guld.*	*stuyv.*	*den.*	*10*	*cents.*	*guld.*	*stuyv.*	*den.*	*10*
½	0	0	1	2	32	0	6	4	8
1	0	0	2	4	33	0	6	7	2
2	0	0	4	8	34	0	6	9	6
3	0	0	7	2	35	0	7	0	0
4	0	0	9	6	36	0	7	2	4
5	0	1	0	0	37	0	7	4	8
6	0	1	2	4	38	0	7	7	2
7	0	1	4	8	39	0	7	9	6
8	0	1	7	2	40	0	8	0	0
9	0	1	9	6	41	0	8	2	4
10	0	2	0	0	42	0	8	4	8
11	0	2	2	4	43	0	8	7	2
12	0	2	4	8	44	0	8	9	6
13	0	2	7	2	45	0	9	0	0
14	0	2	9	6	46	0	9	2	4
15	0	3	0	0	47	0	9	4	8
16	0	3	2	4	48	0	9	7	2
17	0	3	4	8	49	0	9	9	6
18	0	3	7	2	50	0	10	0	0
19	0	3	9	6	51	0	10	2	4
20	0	4	0	0	52	0	10	4	8
21	0	4	2	4	53	0	10	7	2
22	0	4	4	8	54	0	10	9	6
23	0	4	7	2	55	0	11	0	0
24	0	4	9	6	56	0	11	2	4
25	0	5	0	0	57	0	11	4	8
26	0	5	2	4	58	0	11	7	2
27	0	5	4	8	59	0	11	9	6
28	0	5	7	2	60	0	12	0	0
29	0	5	9	6	61	0	12	2	4
30	0	6	0	0	62	0	12	4	8
31	0	6	2	4	63	0	12	7	2

Cents de Florin.	Argent de change de Brabant.			
cents.	*guld.*	*stuyv.*	*den.*	*10*
64	0	12	9	6
65	0	13	0	0
66	0	13	2	4
67	0	13	4	8
68	0	13	7	2
69	0	13	9	6
70	0	14	0	0
71	0	14	2	4
72	0	14	4	8
73	0	14	7	2
74	0	14	9	6
75	0	15	0	0
76	0	15	2	4
77	0	15	4	8
78	0	15	7	2
79	0	15	9	6
80	0	16	0	0
81	0	16	2	4
82	0	16	4	8
83	0	16	7	2
84	0	16	9	6
85	0	17	0	0
86	0	17	2	4
87	0	17	4	8
88	0	17	7	2
89	0	17	9	6
90	0	18	0	0
91	0	18	2	4
92	0	18	4	8
93	0	18	7	2
94	0	18	9	6
95	0	19	0	0
96	0	19	2	4
97	0	19	4	8
98	0	19	7	2
99	0	19	9	6
Florin.				
1	1	0	0	0

Argent de change en cents du Florin des Pays-Bas.

Wisselgeld in cents van den Nederlandschen Gulden.

Argent de change.	Cents du Florin des Pays-Bas.	
deniers.	*cents*	*100*
1	0	41
2	0	83
3	1	25
4	1	66
5	2	8
6	2	50
7	2	91
8	3	33
9	3	75
10	4	16
11	4	58
sols.		
1	5	
2	10	
3	15	
4	20	
5	25	
6	30	
7	35	
8	40	
9	45	
10	50	
11	55	
12	60	
13	65	
14	70	
15	75	
16	80	
17	85	
18	90	
19	95	

RÉDUCTION

Des Florins courant de Brabant, en Florins des Pays-Bas, en Francs, et en Livres de gros de change.

REDUCTIE

Der Guldens Brabants courant, in Nederlandsche Guldens, in Francs, en in Ponden grooten wisselgeld.

Florins cour. de Brabant.	Florins des Pays-Bas.			Francs.			Livres de change.			
deniers.	*guldens*	*cents*	*100*	*Francs.*	*cent.*	*100.*	*wiss.P.*	*sch.*	*gr.*	*100*
1	0	0	35	0	0	76	0	0	0	14
2	0	0	71	0	1	51	0	0	0	28
3	0	1	7	0	2	27	0	0	0	42
4	0	1	42	0	3	2	0	0	0	57
5	0	1	78	0	3	78	0	0	0	71
6	0	2	14	0	4	54	0	0	0	85
7	0	2	49	0	5	29	0	0	1	0
8	0	2	85	0	6	4	0	0	1	14
9	0	3	21	0	6	80	0	0	1	28
10	0	3	57	0	7	56	0	0	1	42
11	0	3	92	0	8	32	0	0	1	57
stuyvers.										
1	0	4	28	0	9	7	0	0	1	71
2	0	8	57	0	18	14	0	0	3	42
3	0	12	85	0	27	21	0	0	5	14
4	0	17	14	0	36	28	0	0	6	85
5	0	21	42	0	45	35	0	0	8	57
6	0	25	71	0	54	42	0	0	10	28
7	0	30	0	0	63	49	0	1	0	0
8	0	34	28	0	72	56	0	1	1	71
9	0	38	57	0	81	64	0	1	3	42
10	0	42	85	0	90	70	0	1	5	14
11	0	47	14	0	99	77	0	1	6	85
12	0	51	42	1	8	84	0	1	8	57
13	0	55	71	1	17	91	0	1	10	28
14	0	60	0	1	26	98	0	2	0	0
15	0	64	28	1	36	5	0	2	1	71
16	0	68	57	1	45	13	0	2	3	42
17	0	72	85	1	54	20	0	2	5	14
18	0	77	14	1	63	27	0	2	6	85
19	0	81	42	1	72	34	0	2	8	57
guldens.										
1	0	85	71	1	81	41	0	2	10	28
2	1	71	42	3	62	81	0	5	8	57

Florins cour. de Brabant.	Florins des Pays-Bas.			Francs.			Livres de change.			
guldens.	*guldens*	*cents*	*100*	*Francs*	*cent.*	*100*	*wiss. P.*	*sch.*	*gr.*	*100*
3	2	57	14	5	44	22	0	8	6	85
4	3	42	85	7	25	62	0	11	5	14
5	4	28	57	9	7	3	0	14	3	42
6	5	14	28	10	88	44	0	17	1	71
7	6	0	0	12	69	85	1	0	0	0
8	6	85	71	14	51	25	1	2	10	28
9	7	71	42	16	32	65	1	5	8	57
10	8	57	14	18	14	6	1	8	6	85
11	9	42	85	19	95	47	1	11	5	14
12	10	28	57	21	76	88	1	14	3	42
13	11	14	28	23	58	28	1	17	1	71
14	12	0	0	25	39	68	2	0	0	0
15	12	85	71	27	21	9	2	2	10	28
16	13	71	42	29	2	50	2	5	8	57
17	14	57	14	30	83	90	2	8	6	85
18	15	42	85	32	65	30	2	11	5	14
19	16	28	57	34	46	71	2	14	3	42
20	17	14	28	36	28	12	2	17	1	71
21	18	0	0	38	9	53	3	0	0	0
22	18	85	71	39	90	94	3	2	10	28
23	19	71	42	41	72	35	3	5	8	57
24	20	57	14	43	53	76	3	8	6	85
25	21	42	85	45	35	16	3	11	5	14
26	22	28	57	47	16	56	3	14	3	42
27	23	14	28	48	97	96	3	17	1	71
28	24	0	0	50	79	36	4	0	0	0
29	24	85	71	52	60	77	4	2	10	28
30	25	71	72	54	42	18	4	5	8	57
31	26	57	14	56	23	59	4	8	6	85
32	27	42	85	58	5	0	4	11	5	14
33	28	28	57	59	86	40	4	14	3	42
34	29	14	28	61	67	80	4	17	1	71
35	30	0	0	63	49	20	5	0	0	0
36	30	85	71	65	30	60	5	2	10	28
37	31	71	42	67	12	1	5	5	8	57
38	32	57	14	68	93	42	5	8	6	85
39	33	42	85	70	74	83	5	11	5	14
40	34	28	57	72	56	24	5	14	3	42
41	35	14	28	74	37	65	5	17	1	71
42	36	0	0	76	19	6	6	0	0	0

Florins cour. de Brabant.	Florins des Pays-Bas.			Francs.			Livres de change.				
guldens.	*guldens*	*cents*	*100*	*Francs*	*cent.*	*100*	*wiss.*	*P.*	*sch.*	*gr.*	*100*
43	36	85	71	78	0	47	6	2	10	28	
44	37	71	42	79	81	88	6	5	8	57	
45	38	57	14	81	63	27	6	8	6	85	
46	39	42	85	83	44	70	6	11	5	14	
47	40	28	57	85	26	11	6	14	3	42	
48	41	14	28	87	7	52	6	17	1	71	
49	42	0	0	88	88	89	7	0	0	0	
50	42	85	71	90	70	29	7	2	10	28	
51	43	71	42	92	51	72	7	5	8	57	
52	44	57	14	94	33	12	7	8	6	85	
53	45	42	85	96	14	52	7	11	5	14	
54	46	28	57	97	95	92	7	14	3	42	
55	47	14	28	99	77	32	7	17	1	71	
56	48	0	0	101	58	72	8	0	0	0	
57	48	85	71	103	40	13	8	2	10	28	
58	49	71	42	105	21	54	8	5	8	57	
59	50	57	14	107	2	95	8	8	6	85	
60	51	42	85	108	84	35	8	11	5	14	
61	52	28	57	110	65	77	8	14	3	42	
62	53	14	28	112	47	18	8	17	1	71	
63	54	0	0	114	28	59	9	0	0	0	
64	54	85	71	116	10	0	9	2	10	28	
65	55	71	42	117	91	40	9	5	8	57	
66	56	57	14	119	72	80	9	8	6	85	
67	57	42	85	121	54	20	9	11	5	14	
68	58	28	57	123	35	60	9	14	3	42	
69	59	14	28	125	17	0	9	17	1	71	
70	60	0	0	126	98	41	10	0	0	0	
71	60	85	71	128	79	80	10	2	10	28	
72	61	71	42	130	61	20	10	5	8	57	
73	62	57	14	132	42	61	10	8	6	85	
74	63	42	85	134	24	2	10	11	5	14	
75	64	28	57	136	5	43	10	14	3	42	
76	65	14	28	137	86	84	10	17	1	71	
77	66	0	0	139	68	25	11	0	0	0	
78	66	85	71	141	49	66	11	2	10	28	
79	67	71	42	143	31	7	11	5	8	57	
80	68	57	14	145	12	47	11	8	6	85	
81	69	42	85	146	93	89	11	11	5	14	
82	70	28	57	148	75	30	11	14	3	42	

Florins cour. de Brabant.	Florins des Pays-Bas.			Francs.			Livres de change.			
guldens.	guldens	cents	100	Francs.	cent.	100.	wiss.P.	sch.	gr.	100
83	71	14	28	150	56	71	11	17	1	71
84	72	0	0	152	38	12	12	0	0	0
85	72	85	71	154	19	53	12	2	10	28
86	73	71	42	156	0	94	12	5	8	57
87	74	57	14	157	82	35	12	8	6	85
88	75	42	85	159	63	76	12	11	5	14
89	76	28	57	161	45	15	12	14	3	42
90	77	14	28	163	26	53	12	17	1	71
91	78	0	0	165	7	97	13	0	0	0
92	78	85	71	166	89	40	13	2	10	28
93	79	71	42	168	70	81	13	5	8	57
94	80	57	14	170	52	22	13	8	6	85
95	81	42	85	172	33	63	13	11	5	14
96	82	28	57	174	15	4	13	14	3	42
97	83	14	28	175	96	44	13	17	1	71
98	84	0	0	177	77	78	14	0	0	0
99	84	85	71	179	59	15	14	2	10	28
100	85	71	42	181	40	59	14	5	8	57
200	171	42	85	362	81	18	28	11	5	14
300	257	14	28	544	21	77	42	17	1	71
400	342	85	71	725	62	36	57	2	10	28
500	428	57	14	907	2	95	71	8	6	85
600	514	28	56	1088	43	54	85	14	3	42
700	600	0	0	1269	84	13	100	0	0	0
800	685	71	42	1451	24	72	114	5	8	57
900	771	42	85	1632	65	31	128	11	5	14
1000	857	14	28	1814	5	90	142	17	1	71
2000	1714	28	57	3628	11	79	285	14	3	42
3000	2571	42	85	5442	17	69	428	11	5	14
4000	3428	57	14	7256	23	58	571	8	6	85
5000	4285	71	42	9070	29	48	714	5	8	57
6000	5142	85	71	10884	35	37	857	2	10	28
7000	6000	0	0	12698	41	27	1000	0	0	0
8000	6857	14	28	14512	47	17	1142	17	1	71
9000	7714	28	57	16326	53	5	1285	14	3	42
10000	8571	42	85	18140	58	96	1428	11	5	14

RÉDUCTION

Des Francs, en Florins des Pays-Bas, en Florins courant de Brabant, et en Livres de gros de change.

REDUCTIE

Der Francs, in Nederlandsche Guldens, in Guldens Brabants courant, en in Ponden grooten wisselgeld.

Francs.	Florins des Pays-Bas.			Florins courant de Brabant.				Livres de change.			
centimes.	*guldens*	*cents*	*100*	*guld.*	*stuyv.*	*den.*	*100*	*wiss.*	*P. sch.*	*gr.*	*100*
1	0	0	47	0	0	1	32	0	0	0	18
2	0	0	94	0	0	2	64	0	0	0	37
3	0	1	41	0	0	3	96	0	0	0	56
4	0	1	89	0	0	5	29	0	0	0	75
5	0	2	36	0	0	6	61	0	0	0	94
6	0	2	83	0	0	7	93	0	0	1	13
7	0	3	30	0	0	9	26	0	0	1	32
8	0	3	78	0	0	10	58	0	0	1	51
9	0	4	25	0	0	11	90	0	0	1	70
10	0	4	72	0	1	1	23	0	0	1	89
11	0	5	19	0	1	2	55	0	0	2	7
12	0	5	67	0	1	3	87	0	0	2	26
13	0	6	14	0	1	5	19	0	0	2	45
14	0	6	61	0	1	6	52	0	0	2	64
15	0	7	8	0	1	7	84	0	0	2	83
16	0	7	56	0	1	9	16	0	0	3	2
17	0	8	3	0	1	10	49	0	0	3	21
18	0	8	50	0	1	11	81	0	0	3	40
19	0	8	97	0	2	1	13	0	0	3	59
20	0	9	45	0	2	2	46	0	0	3	78
21	0	9	92	0	2	3	78	0	0	3	96
22	0	10	39	0	2	5	10	0	0	4	15
23	0	10	86	0	2	6	42	0	0	4	34
24	0	11	34	0	2	7	75	0	0	4	53
25	0	11	81	0	2	9	7	0	0	4	72
26	0	12	28	0	2	10	39	0	0	4	91
27	0	12	75	0	2	11	72	0	0	5	10
28	0	13	23	0	3	1	4	0	0	5	29
29	0	13	70	0	3	2	36	0	0	5	48
30	0	14	17	0	3	3	69	0	0	5	67
31	0	14	64	0	3	5	1	0	0	5	85
32	0	15	12	0	3	6	33	0	0	6	4
33	0	15	59	0	3	7	65	0	0	6	23

Francs.	Florins des Pays-Bas.			Florins courant de Brabant.				Livres de change.			
centimes.	*guldens*	*cents*	*100*	*guld.*	*stuyv.*	*den.*	*100*	*wiss. P.*	*sch.*	*gr.*	*100*
34	0	16	6	0	3	8	98	0	0	6	42
35	0	16	53	0	3	10	30	0	0	6	61
36	0	17	1	0	3	11	62	0	0	6	80
37	0	17	48	0	4	0	95	0	0	6	99
38	0	17	95	0	4	2	27	0	0	7	18
39	0	18	42	0	4	3	59	0	0	7	37
40	0	18	90	0	4	4	92	0	0	7	56
41	0	19	37	0	4	6	24	0	0	7	74
42	0	19	84	0	4	7	56	0	0	7	93
43	0	20	31	0	4	8	88	0	0	8	12
44	0	20	79	0	4	10	21	0	0	8	31
45	0	21	26	0	4	11	53	0	0	8	50
46	0	21	73	0	5	0	85	0	0	8	69
47	0	22	20	0	5	2	18	0	0	8	88
48	0	22	68	0	5	3	50	0	0	9	7
49	0	23	15	0	5	4	82	0	0	9	26
50	0	23	62	0	5	6	15	0	0	9	45
51	0	24	9	0	5	7	47	0	0	9	63
52	0	24	57	0	5	8	79	0	0	9	82
53	0	25	4	0	5	10	11	0	0	10	1
54	0	25	51	0	5	11	44	0	0	10	20
55	0	25	98	0	6	0	76	0	0	10	39
56	0	26	46	0	6	2	8	0	0	10	58
57	0	26	93	0	6	3	41	0	0	10	77
58	0	27	40	0	6	4	73	0	0	10	96
59	0	27	87	0	6	6	5	0	0	11	15
60	0	28	35	0	6	7	38	0	0	11	34
61	0	28	82	0	6	8	70	0	0	11	52
62	0	29	29	0	6	10	2	0	0	11	71
63	0	29	76	0	6	11	34	0	0	11	90
64	0	30	24	0	7	0	67	0	1	0	9
65	0	30	71	0	7	1	99	0	1	0	28
66	0	31	18	0	7	3	31	0	1	0	47
67	0	31	65	0	7	4	64	0	1	0	66
68	0	32	13	0	7	5	96	0	1	0	85
69	0	32	60	0	7	7	28	0	1	1	4
70	0	33	7	0	7	8	61	0	1	1	23
71	0	33	54	0	7	9	93	0	1	1	41
72	0	34	2	0	7	11	25	0	1	1	60
73	0	34	49	0	8	0	57	0	1	1	79
74	0	34	96	0	8	1	90	0	1	1	98

Francs.	Florins des Pays-Bas.			Florins courant de Brabant.				Livres de change.			
centimes.	*guldens*	*cents*	*100*	*guld.*	*stuyv.*	*den.*	*100*	*wiss.P.*	*sch.*	*gr.*	*100*
75	0	35	43	0	8	3	22	0	1	2	17
76	0	35	91	0	8	4	54	0	1	2	36
77	0	36	38	0	8	5	87	0	1	2	55
78	0	36	85	0	8	7	19	0	1	2	74
79	0	37	32	0	8	8	51	0	1	2	93
80	0	37	80	0	8	9	84	0	1	3	12
81	0	38	27	0	8	11	16	0	1	3	30
82	0	38	74	0	9	0	48	0	1	3	49
83	0	39	21	0	9	1	80	0	1	3	68
84	0	39	69	0	9	3	13	0	1	3	87
85	0	40	16	0	9	4	45	0	1	4	6
86	0	40	63	0	9	5	77	0	1	4	25
87	0	41	10	0	9	7	10	0	1	4	44
88	0	41	58	0	9	8	42	0	1	4	63
89	0	42	5	0	9	9	74	0	1	4	82
90	0	42	52	0	9	11	7	0	1	5	1
91	0	42	99	0	10	0	39	0	1	5	19
92	0	43	47	0	10	1	71	0	1	5	38
93	0	43	94	0	10	3	3	0	1	5	57
94	0	44	41	0	10	4	36	0	1	5	76
95	0	44	88	0	10	5	68	0	1	5	95
96	0	45	36	0	10	7	0	0	1	6	14
97	0	45	83	0	10	8	33	0	1	6	33
98	0	46	30	0	10	9	65	0	1	6	52
99	0	46	77	0	10	10	97	0	1	6	71
Francs.											
1	0	47	25	0	11	0	30	0	1	6	90
2	0	94	50	1	2	0	60	0	3	1	80
3	1	41	75	1	13	0	90	0	4	8	70
4	1	89	0	2	4	1	20	0	6	3	60
5	2	36	25	2	15	1	50	0	7	10	50
6	2	83	50	3	6	1	80	0	9	5	40
7	3	30	75	3	17	2	10	0	11	0	30
8	3	78	0	4	8	2	40	0	12	7	20
9	4	25	25	4	19	2	70	0	14	2	10
10	4	72	50	5	10	3	0	0	15	9	0
11	5	19	75	6	1	3	30	0	17	3	90
12	5	67	0	6	12	3	60	0	18	10	80
13	6	14	25	7	3	3	90	1	0	5	70
14	6	61	50	7	14	4	20	1	2	0	60
15	7	8	75	8	5	4	50	1	3	7	50

Francs.	Florins des Pays-Bas.			Florins courant de Brabant.				Livres de change.			
Francs	*guldens*	*cents*	*100*	*guld.*	*stuyv.*	*den.*	*100*	*wiss.P.*	*sch.*	*gr.*	*100*
16	7	56	0	8	16	4	80	1	5	2	40
17	8	3	25	9	7	5	10	1	6	9	30
18	8	50	50	9	18	5	40	1	8	4	20
19	8	97	75	10	9	5	70	1	9	11	10
20	9	45	0	11	0	6	0	1	11	6	0
21	9	92	25	11	11	6	30	1	13	0	90
22	10	39	50	12	2	6	60	1	14	7	80
23	10	86	75	12	13	6	90	1	16	2	70
24	11	34	0	13	4	7	20	1	17	9	60
25	11	81	25	13	15	7	50	1	19	4	50
26	12	28	50	14	6	7	80	2	0	11	40
27	12	75	75	14	17	8	10	2	2	6	30
28	13	23	0	15	8	8	40	2	4	1	20
29	13	70	25	15	19	8	70	2	5	8	10
30	14	17	50	16	10	9	0	2	7	3	0
31	14	64	75	17	1	9	30	2	8	9	90
32	15	12	0	17	12	9	60	2	10	4	80
33	15	59	25	18	3	9	90	2	11	11	70
34	16	6	50	18	14	10	20	2	13	6	60
35	16	53	75	19	5	10	50	2	15	1	50
36	17	1	0	19	16	10	80	2	16	8	40
37	17	48	25	20	7	11	10	2	18	3	30
38	17	95	50	20	18	11	40	2	19	10	20
39	18	42	75	21	9	11	70	3	1	5	10
40	18	90	0	22	1	0	0	3	3	0	0
41	19	37	25	22	12	0	30	3	4	6	90
42	19	84	50	23	3	0	60	3	6	1	80
43	20	31	75	23	14	0	90	3	7	8	70
44	20	79	0	24	5	1	20	3	9	3	60
45	21	26	25	24	16	1	50	3	10	10	50
46	21	73	50	25	7	1	80	3	12	5	40
47	22	20	75	25	18	2	10	3	14	0	30
48	22	68	0	26	9	2	40	3	15	7	20
49	23	15	25	27	0	2	70	3	17	2	10
50	23	62	50	27	11	3	0	3	18	9	0
51	24	9	75	28	2	3	30	4	0	3	90
52	24	57	0	28	13	3	60	4	1	10	80
53	25	4	25	29	4	3	90	4	3	5	70
54	25	51	50	29	15	4	20	4	5	0	60
55	25	98	75	30	6	4	50	4	6	7	50
56	26	46	0	30	17	4	80	4	8	2	40

Francs.	Florins des Pays-Bas.			Florins courant de Brabant.				Livres de change.			
Francs.	*guldens*	*cents*	*100*	*guld.*	*stuyv.*	*den.*	*100*	*wiss.P.*	*sch.*	*gr.*	*100*
57	26	93	25	31	8	5	10	4	9	9	30
58	27	40	50	31	19	5	40	4	11	4	20
59	27	87	75	32	10	5	70	4	12	11	10
60	28	35	0	33	1	6	0	4	14	6	0
61	28	82	25	33	12	6	30	4	16	0	90
62	29	29	50	34	3	6	60	4	17	7	80
63	29	76	75	34	14	6	90	4	19	2	70
64	30	24	0	35	5	7	20	5	0	9	60
65	30	71	25	35	16	7	50	5	2	4	50
66	31	18	50	36	7	7	80	5	3	11	40
67	31	65	75	36	18	8	10	5	5	6	30
68	32	13	0	37	9	8	40	5	7	1	20
69	32	60	25	38	0	8	70	5	8	8	10
70	33	7	50	38	11	9	0	5	10	3	0
71	33	54	75	39	2	9	30	5	11	9	90
72	34	2	0	39	13	9	60	5	13	4	80
73	34	49	25	40	4	9	90	5	14	11	70
74	34	96	50	40	15	10	20	5	16	6	60
75	35	43	75	41	6	10	50	5	18	1	50
76	35	91	0	41	17	10	80	5	19	8	40
77	36	38	25	42	8	11	10	6	1	3	30
78	36	85	50	42	19	11	40	6	2	10	20
79	37	32	75	43	10	11	70	6	4	5	10
80	37	80	0	44	2	0	0	6	6	0	0
81	38	27	25	44	13	0	30	6	7	6	90
82	38	74	50	45	4	0	60	6	9	1	80
83	39	21	75	45	15	0	90	6	10	8	70
84	39	69	0	46	6	1	20	6	12	3	60
85	40	16	25	46	17	1	50	6	13	10	50
86	40	63	50	47	8	1	80	6	15	5	40
87	41	10	75	47	19	2	10	6	17	0	30
88	41	58	0	48	10	2	40	6	18	7	20
89	42	5	25	49	1	2	70	7	0	2	10
90	42	52	50	49	12	3	0	7	1	9	0
91	42	99	75	50	3	3	30	7	3	3	90
92	43	47	0	50	14	3	60	7	4	10	80
93	43	94	25	51	5	3	90	7	6	5	70
94	44	41	50	51	16	4	20	7	8	0	60
95	44	88	75	52	7	4	50	7	9	7	50
96	45	36	0	52	18	4	80	7	11	2	40
97	45	83	25	53	9	5	10	7	12	9	30

Francs.	Florins des Pays-Bas.			Florins courant de Brabant.				Livres de change.			
Francs.	*guldens*	*cents*	*100*	*guld.*	*stuyv.*	*den.*	*100*	*wiss. P.*	*sch.*	*gr.*	*100*
98	46	30	50	54	0	5	40	7	14	4	20
99	46	77	75	54	11	5	70	7	15	11	10
100	47	25		55	2	6		7	17	6	0
200	94	50		110	5	0		15	15	0	
300	141	75		165	7	6		23	12	6	
400	189	0		220	10	0		31	10	0	
500	236	25		275	12	6		39	7	6	
600	283	50		330	15	0		47	5	0	
700	330	75		385	17	6		55	2	6	
800	378	0		441	0	0		63	0	0	
900	425	25		496	2	6		70	17	6	
1000	472	50		551	5	0		78	15	0	
2000	945	0		1102	10	0		157	10		
3000	1417	50		1653	15	0		236	5		
4000	1890	0		2205	0	0		315	0		
5000	2362	50		2756	5	0		393	15		
6000	2835	0		3307	10	0		472	10		
7000	3307	50		3858	15	0		551	5		
8000	3780	0		4410	0	0		630	0		
9000	4252	50		4961	5	0		708	15		
10000	4725	0		5512	10	0		787	10		

RÉDUCTION

Des Livres de change, en Florins des Pays-Bas, en Francs et en Florins courant de Brabant.

REDUCTIE

Der Ponden wisselgeld, in Nederlandsche Guldens, in Francs en in Guldens Brabants courant.

Livres de change.	Florins des Pays-Bas.			Francs.			Florins courant de Brabant.		
grooten.	*guldens*	*cents*	*100*	*Francs*	*centim.*	*100*	*guld.*	*stuyv.*	*den.*
½	0	1	25	0	2	64	0	0	3½
1	0	2	50	0	5	29	0	0	7
2	0	5	0	0	10	58	0	1	2
3	0	7	50	0	15	87	0	1	9
4	0	10	0	0	21	16	0	2	4
5	0	12	50	0	26	45	0	2	11
6	0	15	0	0	31	74	0	3	6
7	0	17	50	0	37	3	0	4	1
8	0	20	0	0	42	32	0	4	8
9	0	22	50	0	47	61	0	5	3
10	0	25	0	0	52	91	0	5	10
11	0	27	50	0	58	20	0	6	5
schelling									
1	0	30		0	63	49	0	7	0
2	0	60		1	26	98	0	14	0
3	0	90		1	90	47	1	1	0
4	1	20		2	53	96	1	8	0
5	1	50		3	17	46	1	15	0
6	1	80		3	80	95	2	2	0
7	2	10		4	44	44	2	9	0
8	2	40		5	7	93	2	16	0
9	2	70		5	71	42	3	3	0
10	3	0		6	34	92	3	10	0
11	3	30		6	98	41	3	17	0
12	3	60		7	61	90	4	4	0
13	3	90		8	25	39	4	11	0
14	4	20		8	88	88	4	18	0
15	4	50		9	52	38	5	5	0
16	4	80		10	15	87	5	12	0
17	5	10		10	79	36	5	19	0
18	5	40		11	42	85	6	6	0
19	5	70		12	6	34	6	13	0
ponden.									
1	6	0		12	69	84	7	0	0

Livres de change.	Florins des Pays-Bas.	Francs.			Florins courant de Brabant.
Ponden.	*Guldens.*	*Francs.*	*centim.*	*001*	*Guldens.*
2	12	25	39	68	14
3	18	38	9	52	21
4	24	50	79	36	28
5	30	63	49	20	35
6	36	76	19	4	42
7	42	88	88	88	49
8	48	101	58	72	56
9	54	114	28	56	63
10	60	126	98	41	70
11	66	139	68	24	77
12	72	152	38	8	84
13	78	165	7	92	91
14	82	177	77	77	98
15	90	190	47	61	105
16	96	203	17	44	112
17	102	215	87	28	119
18	108	228	57	12	126
19	114	241	26	96	133
20	120	253	96	82	140
21	126	266	66	66	147
22	132	279	36	50	154
23	138	292	6	34	161
24	144	304	76	18	168
25	150	317	46	0	175
26	156	330	15	84	182
27	162	342	85	69	189
28	168	355	55	55	196
29	174	368	25	39	203
30	180	380	95	23	210
31	186	393	65	6	217
32	192	406	34	91	224
33	198	419	4	75	231
34	204	431	74	60	238
35	210	444	44	44	245
36	216	457	14	28	252
37	222	469	84	12	259
38	228	482	53	96	266
39	234	495	23	80	273
40	240	507	93	64	280
41	246	520	63	48	287
42	254	533	33	38	294

Livres de change.	Florins des Pays-Bas.	Francs.			Florins courant de Brabant.
Ponden.	*Guldens.*	*Francs.*	*centim.*	*100.*	*guldens.*
43	258	546	3	17	301
44	264	558	73	1	308
45	270	571	42	85	315
46	276	584	12	69	322
47	282	596	82	53	329
48	288	609	52	37	336
49	294	622	22	22	343
50	300	634	92	6	350
51	306	647	61	90	357
52	312	660	31	74	364
53	318	673	1	58	371
54	324	685	71	42	378
55	330	698	41	26	385
56	336	711	11	11	392
57	342	723	80	95	399
58	348	736	50	79	406
59	354	749	20	63	413
60	360	761	90	47	420
61	366	774	60	31	427
62	372	787	30	15	434
63	378	800	0	0	441
64	384	812	69	84	448
65	390	825	39	68	455
66	396	838	9	52	462
67	402	850	79	36	469
68	408	863	49	20	476
69	414	876	19	4	483
70	420	888	88	88	490
71	426	901	58	72	497
72	432	914	28	56	504
73	438	926	98	40	511
74	444	939	68	24	518
75	450	952	38	8	525
76	456	965	7	92	532
77	462	977	77	77	539
78	468	990	47	61	546
79	474	1003	17	45	553
80	480	1015	87	29	560
81	486	1028	57	13	567
82	492	1041	26	97	574
83	498	1053	96	81	581

Livres de change.	Florins des Pays-Bas.	Francs.			Florins courant de Brabant.
Ponden.	*Guldens.*	*Francs.*	*centimes*	*100*	*guldens.*
84	504	1066	66	66	588
85	510	1079	36	50	595
86	516	1092	6	34	602
87	522	1104	76	18	609
88	528	1117	46	2	616
89	534	1130	15	86	623
90	540	1142	85	70	630
91	546	1155	55	55	637
92	552	1168	25	39	644
93	558	1180	95	23	651
94	564	1193	65	7	658
95	570	1206	34	91	665
96	576	1219	4	75	672
97	582	1231	74	60	679
98	588	1244	44	44	686
99	594	1257	14	28	693
100	600	1269	84	12	700
200	1200	2539	68	25	1400
300	1800	3809	52	38	2100
400	2400	5079	36	50	2800
500	3000	6349	20	63	3500
600	3600	7619	4	76	4200
700	4200	8888	88	88	4900
800	4800	10158	73	1	5600
900	5400	11428	57	14	6300
1000	6000	12698	41	26	7000
2000	12000	25396	82	53	14000
3000	18000	38095	23	80	21000
4000	24000	50793	65	7	28000
5000	30000	63492	6	34	35000
6000	36000	76190	47	61	42000
7000	42000	88888	88	88	49000
8000	48000	101587	30	15	56000
9000	54000	114285	71	42	63000
10000	60000	126984	12	69	70000

RÉDUCTION

Des Livres de gros courant, en Florins des Pays-Bas et en Francs.

REDUCTIE

Der Ponden grooten courant, in Nederlandsche Guldens en in Francs.

Livres courant.	Florins des Pay-Bas.			Francs.		
grooten.	*guldens*	*cents*	*100*	*Francs*	*centim.*	*100*
½	0	1	7	0	2	26
1	0	2	14	0	4	53
2	0	4	28	0	9	7
3	0	6	42	0	13	60
4	0	8	57	0	18	14
5	0	10	71	0	22	67
6	0	12	85	0	27	21
7	0	15	0	0	31	74
8	0	17	14	0	36	28
9	0	19	28	0	40	81
10	0	21	42	0	45	35
11	0	23	57	0	49	88
schelling.						
1	0	25	71	0	54	42
2	0	51	42	1	8	84
3	0	77	14	1	63	26
4	1	2	85	2	17	68
5	1	28	57	2	72	10
6	1	54	28	3	26	53
7	1	80	0	3	80	95
8	2	5	71	4	35	37
9	2	31	42	4	89	79
10	2	57	14	5	44	21
11	2	82	85	5	98	63
12	3	8	57	6	53	6
13	3	34	28	7	7	48
14	3	60	0	7	61	90
15	3	85	71	8	16	32
16	4	11	42	8	70	74
17	4	37	14	9	25	17
18	4	62	85	9	79	59
19	4	88	57	10	34	1
ponden.						
1	5	14	28	10	88	43

Livres courant.	Florins des Pays-Bas.			Francs.		
Ponden.	*guldens*	*cents*	*100*	*Francs*	*centim.*	*100*
2	10	28	57	21	76	87
3	15	42	85	32	65	30
4	20	57	14	43	53	74
5	25	71	42	54	42	17
6	30	85	71	65	30	61
7	36	0	0	76	19	4
8	41	14	28	87	7	48
9	46	28	57	97	95	91
10	51	42	85	108	84	35
11	56	57	14	119	72	78
12	61	71	42	130	61	22
13	66	85	71	141	49	65
14	72	0	0	152	38	9
15	77	14	28	163	26	53
16	82	28	57	174	14	96
17	87	42	85	185	3	40
18	92	57	14	195	91	83
19	97	71	42	206	80	27
20	102	85	71	217	68	70
21	108	0	0	228	57	14
22	113	14	28	239	45	57
23	118	28	57	250	34	1
24	123	42	85	261	22	44
25	128	57	14	272	10	88
26	133	71	42	282	99	31
27	138	85	71	293	87	75
28	144	0	0	304	76	19
29	149	14	28	315	64	62
30	154	28	57	326	53	6
31	159	42	85	337	41	49
32	164	57	14	348	29	93
33	169	71	42	359	18	36
34	174	85	71	370	6	80
35	180	0	0	380	95	23
36	185	14	28	391	83	67
37	190	28	57	402	72	10
38	195	42	85	413	60	54
39	200	57	14	424	48	97
40	205	71	42	435	37	41
41	210	85	71	446	25	85
42	216	0	0	457	14	28

Livres courant.	Florins des Pays-Bas.			Francs.		
Ponden.	*guldens*	*cents*	*100*	*Francs*	*centlm.*	*100*
43	221	14	28	468	2	72
44	226	28	57	478	91	15
45	231	42	85	489	79	59
46	236	57	14	500	68	2
47	241	71	42	511	56	46
48	246	85	71	522	44	89
49	252	0	0	533	33	33
50	257	14	28	544	21	76
51	262	28	57	555	10	20
52	267	42	85	565	98	63
53	272	57	14	576	87	7
54	277	71	42	587	75	51
55	282	85	71	598	63	94
56	288	0	0	609	52	38
57	293	14	28	620	40	81
58	298	28	57	631	29	25
59	303	42	85	642	17	68
60	308	57	14	653	6	12
61	313	71	42	663	94	55
62	318	85	71	674	82	99
63	324	0	0	685	71	42
64	329	14	28	696	59	86
65	334	28	57	707	48	29
66	339	42	85	718	36	73
67	344	57	14	729	25	17
68	349	71	42	740	13	60
69	354	85	71	751	2	4
70	360	0	0	761	90	47
71	365	14	28	772	78	91
72	370	28	57	783	67	34
73	375	42	85	794	55	78
74	380	57	14	805	44	21
75	385	71	42	816	32	65
76	390	85	71	827	21	8
77	396	0	0	838	9	52
78	401	14	28	848	97	95
79	406	28	57	859	86	39
80	411	42	85	870	74	82
81	416	57	14	881	63	26
82	421	71	42	892	51	70
83	426	85	71	903	40	13

Livres courant.	Florins des Pays-Bas.			Florins.		
Ponden.	*guldens*	*cents*	*100*	*Francs*	*centim.*	*100*
84	432	0	0	914	28	57
85	437	14	28	925	17	0
86	442	28	57	936	5	44
87	447	42	85	946	93	87
88	452	57	14	957	82	31
89	457	71	42	968	70	74
90	462	85	71	979	59	18
91	468	0	0	990	47	61
92	473	14	28	1001	36	5
93	478	28	57	1012	24	48
94	483	42	85	1023	12	92
95	488	57	14	1034	1	36
96	493	71	42	1044	89	79
97	498	85	71	1055	78	23
98	504	0	0	1066	66	66
99	509	14	28	1077	55	10
100	514	28	57	1088	43	53
200	1028	57	14	2176	87	7
300	1542	85	71	3265	30	61
400	2057	14	28	4353	74	14
500	2571	42	85	5442	17	68
600	3085	71	42	6530	61	22
700	3600	0	0	7619	4	76
800	4114	28	57	8707	48	29
900	4628	57	14	9795	91	83
1000	5142	85	71	10884	35	37
2000	10285	71	42	21768	70	74
3000	15428	57	14	32653	6	12
4000	20571	42	85	43537	41	49
5000	25714	28	57	54421	76	87
6000	30857	14	28	65306	12	24
7000	36000	0	0	76190	47	61
8000	41142	85	71	87074	82	99
9000	46285	71	42	97959	18	36
10000	51428	57	14	108843	53	74

Monnaies étrangères et du Pays, non comprises dans ce Tarif, ayant cours dans les Pays-Bas.

DÉSIGNATION DES MONNAIES.	Francs.	Florins des Pays-Bas.	Florins courant de Brabant.	Livres de change.
MONNAIES DE HOLLANDE.	*Fr. Ct.*	*Fl. cents 100.*	*flor. sols. d. 100.*	*Liv. esc. gr. 100*
Or.				
Ryder	28 44	13 43 70	15 13 6 61	2 4 9 52
Demi idem	14 22	6 71 89	7 16 9 30	1 2 4 76
Double Ducat.	22 84	10 79 19	12 11 9 73	1 15 11 68
Argent.				
Piéce de 30 stubers . . .	3 4	1 43 64	1 13 6 19	0 4 9 46
MONNAIES DE LIÈGE ET DE MAESTRICHT.				
Or.				
Ducat	10 34	4 88 56	5 13 11 98	0 16 3 14
Florin d'or.	6 8	2 87 28	3 7 0 38	0 9 6 91
Argent.				
Escalin vieux.	0 39	0 18 42	0 4 3 59	0 0 7 37
Vieille Plaquette de Liège .	0 12	0 5 67	0 1 3 87	0 0 2 27
Kopstuck	0 75	0 35 43	0 8 3 22	0 1 2 17
Demi-Kopstuck	0 37	0 17 48	0 4 0 95	0 0 6 99
MONNAIES DE L'EMPIRE.				
Or.				
Carolin ou Pistole d'or au soleil	23 70	11 19 82	13 1 3 51	1 17 3 93
Pistole d'or	19 4	8 99 64	10 9 10 99	1 9 11 86
Maximilien-Joseph	14 98	7 7 80	8 5 1 85	1 3 7 12
Demi idem	7 48	3 53 43	4 2 5 60	0 11 9 37
Florin d'or	6 8	2 87 28	3 6 11 66	0 9 6 81
Argent.				
Ecu de convention. . . .	5 4	2 38 14	2 15 6 79	0 7 11 26
Demi-Ecu	2 50	1 18 12	1 7 6 75	0 3 11 25
Quart d'Ecu ou demi-florin .	1 25	0 59 6	0 13 9 37	0 1 11 63
Demi-Florin de Bavière . .	0 98	0 46 30	0 10 9 65	0 1 6 52
Demi-Florin de Wurtemberg.	0 90	0 42 52	0 9 11 7	0 1 5 1
Kopstuck vieux	0 70	0 33 7	0 7 8 61	0 1 1 23
Pièce de 24 kreutzers ou 6 batz.	0 75	0 35 43	0 8 3 22	0 1 2 17
VIEILLES MONNAIES DE FRANCE.				
Argent.				
Pièce de 24 sous	1 0	0 47 25	0 11 0 30	0 1 6 90
Idem de 12 sous	0 50	0 23 62	0 5 6 15	0 0 9 45
Idem de 6 sous	0 25	0 11 81	0 2 9 7	0 0 4 73
MONNAIES DE PRUSSE.				
Or.				
Frédéric ou Pistole. . . .	19 50	9 21 37	10 14 11 85	1 10 8 55
Argent.				
Rixdaller	3 50	1 65 37	1 18 7 5	0 5 6 15
Demi idem.	1 75	0 82 68	0 19 3 52	0 2 9 7
Tiers idem.	1 15	0 54 33	0 12 8 14	0 1 9 73
Sixième idem.	0 54	0 25 51	0 5 11 44	0 0 10 21

Méthode simple, facile, expéditive et sûre, pour la Réduction des Monnaies en Florins des Pays-Bas, par nombres fixes.

	Multiplicateurs.	*Diviseurs.*
Doubles Louis.	$2230\frac{1}{5}$	100
Simples idem.	$111273\frac{3}{4}$	10000
Ducats.	$53959\frac{1}{2}$	10000
Simples Souverains.	$7985\frac{1}{4}$	1000
Ducatons.	$2976\frac{3}{4}$	1000
Quarts de Ducatons.	$7418\frac{1}{4}$	10000
Couronnes de France.	$2740\frac{1}{2}$	1000
Demies idem.	$12993\frac{3}{4}$	10000
Couronnes Impériales.	26271	10000
Demies idem.	$13088\frac{1}{4}$	10000
Quarts idem.	$6520\frac{1}{2}$	10000
Pièces de dix-sept Sous et demi.	$7087\frac{1}{2}$	10000
Escalins de Brabant.	$283\frac{1}{2}$	1000
Idem de Liège.	$264\frac{3}{5}$	1000
Francs.	$47\frac{1}{4}$	100
Florins des Pays-Bas en Francs.	400	489

EXEMPLE.

Réduire 222 doubles Louis en Florins des Pays-Bas.

$2230\frac{1}{5}$ nombre fixe.

```
   6660
  444
 444
     44   40        { 1|00
4951|04   40        { 4951  04
```

Réduire 230 Escalins de Brabant.

$283\frac{1}{2}$ nombre fixe.

```
  230
 8490
566
  115         { 1|000
65|205        { 65   20
```

Nous, GUILLAUME, *par la Grace de Dieu, Roi des Pays-Bas, Prince d'Orange-Nassau, Grand-Duc de Luxembourg, etc., etc., etc.*

A tous ceux qui les présentes verront, salut; savoir faisons:

Ayant pris en considération d'une part la différence des Monnaies qui circulent dans les différentes Provinces de Notre Royaume, ainsi que le préjudice et les embarras qui en résultent, tant pour le trésor public que pour les particuliers, sur-tout parce que plusieurs de ces Monnaies ne peuvent nullement être considérées comme Monnaies de l'Etat, lequel ne peut tout au plus que les tolérer et les recevoir d'après des tarifs déterminés; et d'autre part, les avantages que procureront à l'Etat et à nos fidèles Sujets l'unité des Monnaies et l'établissement d'un systême monétaire simple et régulier;

Et voulant remédier à tous ces inconvéniens, et montrer combien à cet égard comme à tout autre, Nous prenons à cœur l'intérêt des habitans de notre Royaume; à ces causes, notre Conseil-d'Etat entendu, et de commun accord avec les Etats-Généraux; avons statué comme Nous statuons par les présentes:

ART. I. Les Monnaies de l'Etat consisteront dorénavant en *pièces légales* d'or, d'argent et de cuivre; et en *pièces à l'usage du commerce* d'or et d'argent.

II. Les Monnaies d'argent seront:

1° Le *florin* comme unité monétaire, lequel sera de la même valeur *intrinsèque* que l'ancien florin frappé dans les Provinces Septentrionales, et contiendra par conséquent 200 *aas*, [9 grammes et 613 milligrammes] d'argent fin; puis la pièce de 3 florins au même titre que le florin et de poids proportionné.

La subdivision du florin, ou de l'unité monétaire, sera décimale,

Wy, *WILLEM*, by de Gratie Gods, Koning der Nederlanden, Prins van Oranje Nassau, Groot-Hertog van Luxembourg, enz., enz., enz.

Allen die deze zullen zien of hooren lezen, salut; doen te weten:

Alzoo Wy in aenmerking genomen hebben, aen den eenen kant, de verscheydendheyd van Muntspecien, die in de verschillende Provincien van Ons Ryk zyn circulerende, midsgaders de nadeelen en ongelegendheden welke daer uyt, zoo wel voor de ælgemeene schatkist, als voor de ingezetenen des Ryks, zyn voortspruytende, in het byzonder om dat veele diër Muntspecien geensins als 's Ryks Munten konnen worden beschouwd, maer enkel getolereerd en volgens bepaelde tarieven aengenomen worden; en aen den anderen kant, de voordeelen die'er uyt eenheyd van Munten en een wel ingerigt en eenvoudig Muntstelsel, voor het Ryk en onze goede Onderdanen zullen ontstaen;

Zoo is het, dat Wy in alle die ongelegendheden willende voorzien, en het voordeel van 's Ryks ingezetenen ook in dit stuk willende behartigen, den Raed van Staeten gehoord, en met gemeen overleg der Staeten-Generael, hebben goedgevonden en verstaen, gelyk Wy goedvinden en verstaen by deze:

ART. *I. 's Ryks Muntspecien zullen voortaen bestaen uyt zilveren en gouden stand-penningen, uyt koperen stukken; en uyt zilveren en gouden negotie-penningen.*

II. 's Ryks zilveren Muntspecien zullen zyn:

1° *De* gulden, *als munt-eenheyd van de zelfde* intrinseque *waerde als de voormalige generaliteyts gulden, in de Noordelyke Provincien gemunt, en derhalve houdende* 200 *azen* [*9 grammas en 613 milligrammas*] *fyn zilver: vervolgens stukken van* 3 *guldens, ten gelyken alooye als de gulden en in gewigt naer advenant.*

De verdeeling van den gulden, dat is van de munt-eenheyd, *zal*

le florin étant supposé formé de
cent parties, nommées *centièmes.*

2° Les espèces sous-multiples
du florin seront:
Des pièces d'un demi-florin ou
de *cinquante centièmes;*
Des pièces d'un quart de florin
ou de *vingt-cinq centièmes;*
Des pièces d'un dixième de florin ou de *dix centièmes;*
Des pièces d'un vingtième de
florin ou de *cinq centièmes.*
3° Les pièces de cuivre seront
des *centièmes*, c'est-à-dire centièmes parties du florin, et des *demi-centièmes*, ou deux-centièmes parties du florin.
III. Les pièces d'or seront des
pièces de dix florins.
IV. Les pièces de monnaies
d'argent seront fabriquées sur le
pied suivant.
Le florin sera de sept esterlins
poids de troye, [10 grammes et
766 milligram.] et au titre de $\frac{893}{1000}$,
le tout à la rigueur et sans tolérance de poids ni de titre, afin
que cette pièce contienne 200 *aas*,
[9 grammes et 613 milligrammes]
d'argent fin.
Les pièces de 3 florins et celles
de 50 *centièmes* ou les demi-florins,
seront du même titre et de poids
proportionné.
Le quart de florin ou la pièce de
25 *centièmes* sera au titre de $\frac{569}{1000}$,
et contiendra un poids de 88 *aas*,
[4 grammes et 230 milligrammes]
de sorte que cette pièce contiendra 50 *aas*, [2 grammes et 403 milligrammes] d'argent fin.
La pièce d'un dixième de florin
ou de 10 *centièmes*, et celle de
5 *centièmes* seront au même titre
que le quart de florin, et de poids
proportionné.

V. Il sera fabriqué des pièces de
cuivre, savoir: des *centièmes* et
des *demi-centièmes* de florins, au
poids de 80 *aas*, [3 grammes et
845 milligrammes] et de 40 *aas*,
[1 gramme et 922 milligrammes.]

VI. La pièce d'or de 10 florins

*zyn tiendeelig, wordende de gulden
verondersteld te bestaen uyt honderd deelen, genoemd* cents.
2° *De onderdeelen van den gulden zullen zyn:*
*Stukken van een halven gulden
of* vyftig cents;
*Stukken van een kwart gulden
of* vyf-en twintig cents;
*Stukken van een tiende gulden
of* tien cents;
Stukken van een twintigste gulden of vyf cents.
3° *De koperen stukken zullen zyn*
cents *of honderdste gedeelten van
den gulden, en* halve cents *of tweehonderdste gedeelten van den gulden.*
*III. De gouden penningen zullen
zyn stukken van tien guldens.*
*IV. De zilveren stukken zullen
op den volgenden voet gemunt worden.*
*De gulden zal houden een gewigt
van zeven engels trooisch [10 grammas en 766 milligrammas] en gealloyeerd zyn op* $\frac{893}{1000}$, *beyde uyterlyk en zonder remedie, op dat de
zelve aldus zoude houden 200 azen
[9 grammas en 613 milligrammas]
fyn zilver.*
*De stukken van 3 guldens en die
van 50 cents of de halve guldens,
zullen zyn ten gelyken alooye en in
gewigt naer advenant.*
*De kwart gulden of het stuk van
25 cents, zal zyn ten alooye van*
$\frac{569}{1000}$ *en houden een gewigt van
88 azen [4 grammas en 230 milligrammas], om aldus een klomp fyn
zilver van vyftig azen [2 grammas
en 403 milligrammas] te bevatten.*
Het stuk van $\frac{1}{10}$ *gulden, of van
10 cents, en dat van* $\frac{1}{20}$ *gulden,
of van 5 cents, zullen zyn ten gelyken alooye als de kwart gulden,
en ten gewigte naer advenant.*
*V. De koperen Muntstukken of
cents en halve cents zullen vervaerdigd worden uyt zuyver koper, ten
gewigte van 80 azen [3 grammas
en 845 milligrammas] en 40 azen
[1 gramma en 922 milligrammas]
het stuk respectivelyk.*
VI. De gouden penning van tien

sera frappée au titre de $\frac{900}{1000}$ et au poids de 140 *aas*, [6 grammes et 729 milligrammes] sans tolérance.

VII. Le type des Monnaies légales sera ainsi qu'il suit:

Sur une des surfaces, la tête du Roi, entourée de la légende : *Willem, Koning der Nederlanden, Groot-Hertog van Luxembourg*, laquelle inscription sera susceptible de telles abréviations que la grandeur de la pièce pourra nécessiter: sur le revers, les armes du Royaume entre les nombres 10 florins, 3, 1 ou demi florins, avec la légende : *Munt van het Koningryk der Nederlanden*, et l'année de la fabrication; le tout avec les abréviations nécessaires.

Sur les pièces d'un florin, et d'un demi-florin, seront placés sous l'écu, les mots 100 *cents* ou 50 *cents* respectivement; lesdites pièces seront frappées à la virole et marquées, sur la tranche, des mots : *God zy met Ons.*

Les pièces de 25 *centièmes*, de 10 *centièmes* et de 5 *centièmes*, ainsi que les pièces de cuivre *d'un centième* et *demi-centième*, porteront seulement sur une des surfaces un W couronné, et sur le revers les armes du Royaume entre les lettres 25 C., 10 C., 5 C., 1 C., $\frac{1}{2}$ C.; les trois premières seront cordonnées.

VIII. Les Monnaies à l'usage du Commerce seront et resteront telles qu'elles ont été frappées dans les provinces septentrionales du Royaume, sans aucun changement quelconque dans leur grandeur, dans leur titre ou dans leur poids; elles seront:

Le Ducat d'argent au poids de 18 esterlins $8\frac{2209}{11200}$ *aas* [28 grammes et 78 milligrammes] et au titre de 10 deniers 10 grains $\frac{868}{1000}$; l'un et l'autre d'après le remède extrême.

Le Ryder d'argent au poids de 21 esterlins $5\frac{59}{80}$ *aas* [32 grammes

guldens zal gemunt worden ten alooye van $\frac{900}{1000}$, *en ten gewigte van* 140 *azen* [6 *grammas en* 729 *milligrammas*], *zonder remedie.*

VII. De beeldenaer der Standpenningen zal zyn als volgt:

Op de voorzyde, 's Konings borstbeeld, met het randschrift: Willem, Koning der Nederlanden, Groot-Hertog van Luxembourg, *met zoodaenige verkorting in de woorden als de grootte der stukken zal vereysschen; op de keerzyde, het Wapen des Ryks tusschen de getallen* 10 *guldens*, 3, 1 *of halve gulden; het randschrift:* Munt van het Koningryk der Nederlanden, *en het jaertal, met de noodige verkorting in de woorden.*

Op de stukken van eenen gulden en van eenen halven gulden, zal onder het Wapen staen 100 cents, *of* 50 cents, *respectivelyk; gemelde stukken zullen gemunt worden in den ring met een rand van ingedrukte letters, bevattende de woorden:* God zy met Ons.

De stukken van 25, *van* 10 *en van* 5 *cents, gelyk mede de kopere stukken van eene* cent, *en van eene* halve cent, *zullen op de voorzyde slechts voeren eene gekroonde W, en op de keerzyde, het Wapen des Ryks tusschen de letters* 25 *C.*, 10 *C.*, 5 *C.*, 1 *C.*, $\frac{1}{2}$ *C.; de dry eerstgemelde zullen gerand zyn.*

VIII. De Negotie-penningen zullen zyn en blyven die, welke in de noordelyke Provincien des Ryks gemunt zyn, en wel zonder eenige verandering hoegenaemd in derzelver grootte, gehalte of gewigt; te weten:

De zilveren Dukaet op een gewigt van 18 *engels* $8\frac{2209}{11200}$ *aas* [28 *grammas en* 78 *milligrammas*] *en gealooyeerd op* 10 *penningen* 10 *grein* $\frac{868}{1000}$, *beide genomen op de uyterste remedie.*

De zilveren Ryder op een gewigt van 21 *engels* $5\frac{59}{80}$ *aas* [32 *gram-*

et 574 milligrammes] et au titre de 11 deniers $5\frac{3}{4}$ grains, $\frac{937}{1000}$, l'un et l'autre d'après le remède extrême.

Et le Ducat d'or au poids de 2 esterlins $8\frac{24}{35}$ *aas* [3 grammes et 494 milligrammes] et au titre de 23 karats 7 grains, $\frac{983}{1000}$, l'un et l'autre d'après le remède extrême.

IX. Le type des Monnaies de Commerce sera ainsi qu'il suit:

Pour le Ducat d'argent, comme anciennement, l'homme armé de pied en cap, tenant de la main gauche, devant le genou, l'écu du Royaume, avec la légende: *Mo. Arg. Regii Belgii* Sur le revers, les armes du Royaume entre les caractères exprimant le millésime, avec l'ancienne légende: *Concordia res parvæ crescunt.*

Pour le Ryder d'argent: sur l'une des surfaces, le cavalier monté, comme à l'ordinaire, audessous l'écu du Royaume, avec la légende: *Mo. Arg. Reg. Belgii.* Sur le revers, les armes du Royaume, entre les caractères exprimant le millésime, avec la légende: *Concordia res parvæ crescunt.*

Pour le Ducat d'or: sur l'une des surfaces l'empreinte de l'homme armé de pied en cap, entre les lettres exprimant le millésime, avec la légende: *Concordia res parvæ crescunt*, comme anciennement: sur le revers dans l'intérieur du carré ordinaire les lettres: *Mo. Aur. Reg. Belgii ad Legem Imperii.*

X. Les Monnaies de Commerce, tant d'or que d'argent, seront cordonnées.

XI. Les Monnaies à l'usage du Commerce ne seront fabriquées que pour le compte de particuliers.

Les pièces d'un florin et de trois florins pourront aussi être fabriquées pour compte de particuliers: mais les pièces d'or de dix florins, les pièces sous-multiples du florin et les pièces de cuivre, ne pourront absolument point être fabriquées pour le compte de particu-

mas en 574 milligrammas] en gealloyeerd op 11 penningen $5\frac{3}{4}$ grein $\frac{937}{1000}$, beide genomen op de uyterste remedie.

En de gouden Dukaet op een gewigt van 2 engels $8\frac{24}{35}$ aas [3 grammas en 494 milligrammas] en in de gehalte houdende 23 karaat 7 grein $\frac{983}{1000}$, beide genomen op de uyterste remedie.

IX. De beeldenaer der Negotiepenningen zal zyn als volgt:

Voor den zilveren Ducaet, als van ouds, de geharnaste man, houdende in de linker hand, voor de knie, het wapen des Ryks: het randschrift: Mo. Arg. Reg. Belg.; *en de keerzyde het wapen des Ryks tusschen de letters, die het jaertal aenduiden, met een randschrift, als van ouds:* Concordia res parvæ crescunt.

Voor den zilveren Ryder, op de voorzyde, de gewone ridder te paard: onder den zelven het wapen des Ryks; randschrift: Mo. Arg. Reg. Belgii; *op de keerzyde 's Ryks wapen, tusschen de letters van het jaertal: het randschrift;* Concordia res parvæ crescunt.

Voor den gouden Dukaat: op de voorzyde, de geharnaste man, tusschen de letters die het jaartal aenduiden, met het randschrift: Concordia res parvæ crescunt, *als van ouds; op de keerzyde, binnen het gewoon vierkant, de letters* Mo. Aur. Reg. Belgii ad Legem Imperii.

X. De Negotie penningen, zoo de gouden als de zilveren, zullen worden gekarteld.

XI. De Negotie penningen zullen alleen voor rekening van particulieren worden gemunt.

De gulden en het dry guldensstuk zullen ook voor rekening van particulieren mogen vervaerdigd worden; doch de gouden stand-penning, de zilveren onder-deelen van den gulden en de koperen stukken, zullen volstrektelyk niet voor rekening van particulieren, maer alleen

liers, et ne pourront l'être que pour le compte et par l'ordre du Gouvernement.

XII. Les Monnaies anciennement fabriquées dans les Provinces septentrionales comme Monnaies provinciales ou de la généralité, continueront à y circuler et à être reçues au trésor public sur le pied actuel.

XIII. A dater du premier Décembre prochain, la Monnaie de compte, dite florin de change de Brabant, sera estimée égale en valeur au florin des Pays-Bas, mentionné dans l'article 2 de cette Loi.

XIV. Les Monnaies frappées cidevant dans les Provinces méridionales; comme Monnaies provinciales ou du pays, ainsi que les anciennes Monnaies françaises, qui circulent encore dans ces Provinces, y seront reçues au trésor et dans la circulation, sur le pied des tarifs actuellement existans, en francs, et quant aux Monnaies provinciales ou du pays, qui ne sont pas indiquées dans ces tarifs, elles seront reçues au trésor et y circuleront d'après l'usage actuel.

XV. A dater du premier Décembre prochain, les francs seront reçus au trésor dans les Provinces méridionales, et y circuleront sur le pied de quarante-sept centièmes et un quart du florin des Pays-Bas, ou du florin de Brabant dit de change; ou en d'autres termes, chaque florin des Pays-Bas, et chaque florin, dit florin de change du Brabant, seront estimés valoir 2 *francs* 11 *centièmes* et $\frac{64}{100}$, Bien entendu néanmoins que toutes ordonnances, assignations et mandats à la charge du trésor public, qui portent une date antérieure au premier Décembre, seront acquittés sur le pied actuellement en usage au trésor.

XVI. Toutes autres Monnaies seront considérées comme Monnaies étrangères, et ne pourront par conséquent être reçues dans les caisses de l'Etat.

voor die van het Gouvernement, en op deszelfs order, mogen worden vervaerdigd.

XII. De Munt-specien, voorheen in de noordelyke Provincien als provinciale of generaliteyts-munten vervaerdigd, zullen op den tegenwoordigen voet aldaer blyven circuleren en in 's Ryks schatkist worden aengenomen.

XIII. Te beginnen met den eersten December aenstaende zal de tegenwoordige reken-munt, genoemd gulden Brabandsch wisselgeid, *gelyk gesteld worden met den Nederlandschen gulden, in art. 2 vermeld.*

XIV. De Munt-specien in de zuydelyke Provincien voorheen als provinciale of landelyke Munten vervaerdigd, gelyk mede de oude fransche Munten nog in de zelve circulerende, zullen aldaer aengenomen worden in 's Ryks schatkist en in de circulatie, volgens de thans bestaende tarieven in francs*: en voor zoo verre eenige der voormelde provinciale of landelyke Munten op die tarieven niet gevonden worden, volgens de thans bestaende usantien.*

XV. In de zuydelyke Provincien zullen, met den 1 *December aenstaende, de* francs, *in 's Ryks schatkist en in de circulatie aengenomen worden op den voet van zeven en veertig en een vierde* cents *van den Nederlandschen gulden of van den gulden Brabandsch wisselgeld, of, in andere woorden, iedere Nederlandsche gulden en iedere gulden Brabandsch wisselgeld, zullen gehouden worden te bedraegen* 2 francs 11 centièmes *en* $\frac{64}{100}$: *alles met dien verstande echter, dat alle de ordonnantien, assignatien en mandaten ten laste van 's Ryks schatkist loopende, welke gedagteekend zyn voor den* 1 *December aenstaende, betaeld zullen worden op de wyze thans by de schatkist gebruykelyk.*

XVI. Alle andere Munten zullen als vreemd worden beschouwd en dienvolgens niet in 's Ryks schatkist aengenomen worden.

XVII. Les Monnaies frappées comme Monnaies de Commerce dans les Provinces septentrionales, et mentionnées ci-dessus, pourront provisoirement être versées au trésor public, et y être reçues, savoir:

Le Ducat d'or, cordonné et ayant son poids, pour cinq florins et cinquante centièmes.

Le Ducat d'argent, pour deux florins cinquante centièmes; et le Ryder d'argent, pour trois florins quinze centièmes.

XVIII. Nul n'est tenu d'accepter, sur ce qui doit lui être payé, plus d'un cinquième, en pièces de 25, 10 et 5 centièmes, ni plus de la valeur d'un florin en pièces de cuivre.

XIX. Indépendamment des peines statuées par le Code Pénal contre ceux qui se permettraient d'altérer les Monnaies, le trésor public ne recevra aucune des nouvelles Monnaies du Royaume, établies par la présente Loi, pour peu qu'elles soient altérées ou rognées, et personne ne sera tenu d'accepter de telles pièces altérées ou rognées.

Mandons et ordonnons que la présente Loi soit insérée au *Journal Officiel*, et que Nos Ministres et autres Autorités qu'elle concerne, tiennent strictement la main à son exécution.

Donné à La Haye, le 28 Septembre 1816, et de notre règne le troisième.

Signé GUILLAUME.

Par le Roi.

Signé A. R. FALCK.

XVII. De penningen, als Negotie-penningen in de noordelyke Provincien gemunt en hier boven opgenoemd, zullen provisioneel in 's Ryks schatkist konnen worden gestort en aldaer aengenomen worden.

De goude Dukaat, mits gerand en wigtig zynde, voor vyf guldens en vyftig cents.

De zilveren Dukaat, voor twee guldens en vyftig cents; en de zilveren Ryder voor dry guldens en vyftbien cents.

XVIII. Niemand is verpligt, meer dan een vyfde gedeelte van het geen aen hem voldaen moet worden, aen te nemen in stukken van 25, 10 en vyf cents, of daer by te ontfangen in koperen stukken, meer dan de waerde van eenen gulden.

XIX. Onverminderd de straffen by het lyfstraffelyk Wetboek gesteld tegen de genen, welke zich zouden veroorloven de Munt-specien te verminken, zullen geene der by deze Wet daer gestelde nieuwe 's Ryks Munten in 's Ryks schatkist worden aengenomen, wanneer de zelve eenigzins verminkt of besnoeyd mogten zyn; en zal niemand gehouden wezen dusdanige verminkte of besnoeyde Munt-specien te ontfangen.

Lasten en bevelen dat deze in het Staats-blad *zal worden geïnsereerd, en dat alle Ministeriële Departementen, Autoriteyten, Kollegien en Ambtenaeren, aen de nauwkeurige uytvoering de band zullen houden.*

Gegeven in 's Gravenhage, den 28 *September* 1816, *derde van onze regering.*

Geteekend WILLEM.

Van wege den Koning.

Geteekend A. R. FALCK.

TABLE.

Réduction des Monnaies suivantes en Francs, en Florins des Pays Bas, en Florins courant et en Livres de change de Brabant.

Ducatons. *Page* 1

Quarts de Ducatons. 4

Pièces de 17 Sols et demi, et celle de 30 Sols tournois. 7

Couronnes impériales. 10

Demi-Couronnes impériales. 13

Quarts de Couronnes impériales. 16

Escalins de Brabant. 19

Escalins de Liège. 22

Couronnes de France. 25

Demi-Couronnes de France. 28

Pièces Florins de Hollande. 31

Rixdalers de Zélande. 32

Rixdalers de Hollande. 33

Ducats. 34

Souverains. 35

Louis d'or. 36

Doubles Louis d'or. 37

Réduction des Florins des Pays-Bas en Florins courant de Brabant, en Francs et en Livres de change. 38

Réduction des Centimes ou Cents du Florin des Pays-Bas en Argent de Change. 44

Argent de Change en Cents du Florin des Pays-Bas. 45

Réduction des Florins Courant de Brabant, en Florins des Pays-Bas, en Francs et en Livres de Change. 46

Réduction des Francs, en Florins des Pays-Bas, en Florins Courant de Brabant et en Livres de Change. 50

Réduction des Livres de Change, en Florins des Pays-Bas, en Francs et en Florins Courant de Brabant. 56

Réduction des Livres Courant de Brabant, en Florins des Pays-Bas, en Francs et en Florins Courant de Brabant. 60

Monnaies étrangères et du Pays, non comprises dans ce Tarif, ayant cours dans les Pays-Bas. 64

Méthode simple, facile, expéditive et sûre, pour la Réduction des Monnaies en Florins des Pays-Bas, par nombres fixes. 65

Loi du 28 Septembre 1816 sur les Monnaies. 66

TAFEL.

Reductie der volgende Geld-Specien in Francs, in nederlandsche Guldens, in Guldens courant en in Ponden wisselgeld brabantsch.

Ducatons. Page 1

Kwaerten van Ducatons. 4

Stuks van 17 Stuyvers en half, en 't gene van 30 Stuyv. tournois. 7

Keyzerlyke Kroonen. 10

Halve keyzerlyke Kroonen. 13

Kwaerten van keyzerlyke Kroonen. 16

Brabantsche Schellingen. 19

Luyksche Schellingen. 22

Fransche Kroonen. 25

Halve fransche Kroonen. 28

Hollandsche Gulden-Stukken. 31

Zeeuwsche Rykxdaelders. 32

Hollandsche Rykxdaelders. 33

Ducaten. 34

Souvereynen. 35

Goude Louisen. 36

Dobbele goude Louisen. 37

Reductie der nederlandsche Guldens, in Guldens brabants Courant, in Francs en in Ponden Wisselgeld. 38

Reductie der Centimen of Cents van den nederlandschen Gulden in Wisselgeld. 44

Wisselgeld in Cents van den nederlandschen Gulden. 45

Reductie der Guldens brabants Courant, in nederlandsche Guldens, in Francs en in Ponden Wisselgeld. 46

Reductie der Francs, in nederlandsche Guldens, in Guldens brabants Courant en in Ponden Wisselgeld. 50

Reductie der Ponden Wisselgeld, in nederlandsche Guldens, in Francs en in Guldens brabants Courant. 56

Reductie der Ponden brabants Courant, in nederlandsche Guldens, in Francs en in Guldens brabants Courant. 60

Vreemde en inlandsche Geld-Specien, niet begrepen in dezen Tarif, gangbaer in de Nederlanden. 64

Enkele, gemakkelyke, spoedige en zekere wyze voor de Reductie der Geld Specien in nederlandsche Guldens, door vaste getallen. 65

Wet van den 28 September 1816 wegens de Geld-Specien. 66

www.ingramcontent.com/pod-product-compliance
Ingram Content Group UK Ltd.
Pitfield, Milton Keynes, MK11 3LW, UK
UKHW020319220726
13923UKWH00003B/1255

9 782014 455250